心の中がグチャグチャで捨てられないあなたへ

［改装版］

ブルックス・パーマー

弓場 隆［訳］

Discover
ディスカヴァー

最近、仕事や人生で苦痛を感じることはありませんか？
仕事がはかどらない、人生がうまくいかない、などなど。
そんなときは身のまわりの状態をよく観察してください。

職場や自宅が散らかっていると心が落ち着きません。
心が落ち着かないと明晰な思考ができなくなります。
明晰な思考ができないと仕事も人生もうまくいきません。

現代人の生活は無駄がいっぱいです。
すなわち、不要なもの、不適なもの、不快なもの。
それらのガラクタを捨てれば、仕事も人生もうまくいきます。
もったいないから捨てられないというのは本末転倒です。
不要なモノを溜め込むと、生活に支障をきたすことになります。

大切な人生を無駄にすることほど、もったいないことはありません。

ガラクタは空間を占拠してしまいます。
そうなると、新しいものが入り込む余地がありません。
やがて身動きがとれずに人生が行き詰まります。

ガラクタを捨てれば、空きスペースができます。
空きスペースができれば、チャンスが舞い込みます。
チャンスが舞い込めば、道が開けて人生が変わります。

いらないモノを捨てると、心身ともに爽快になります。
仕事がはかどり、生活がとても快適になります。
うまくいっている人はシンプルライフを実践しています。

はじめに

あなたは今、大きな代償を伴う「ゴミ箱」の中に暮らしています。家庭や職場のガラクタが貴重な空間を占拠し、あなたからエネルギーを奪い取っているのです。生活や仕事の場所を再び快適空間にし、失ったエネルギーを補充するときが来ました。いよいよ、ガラクタを処分するときです。

ところで、ガラクタとは何でしょうか？

ガラクタとは、何の役にも立たないのに、あなたがしがみついているモノのことです。

古い品物もあれば新品もあります。いずれにせよ、価値を失ったモノはすべてガラクタです。そんなモノはもはや本来の目的を果たしませんから、持っていても生活の質は向上しません。むしろ、必要な変化を起こすうえで障害になります。

では、ガラクタとは具体的にどんなモノを指すのでしょうか？

たとえば、着なくなった服、聴かなくなったCD、机の上やファイルの中に溜まっている書類、新型と取り換えたのにそのまま置いてある旧型の電化製品、キッチンキャビネットにしまったままの食器や台所用品などがそうです。

家庭や職場で使われずに溜まっているさまざまなモノは、あなたの生活のあらゆる分野で絶えず邪魔をしています。気づいているかどうかに関係なく、それらの無用の長物は日々の生活に支障をきたしているのです。

あなたは「家にいても快適ではない」「どうも仕事がはかどらない」という状況に陥っていませんか?

もしそうなら、その主な原因は身のまわりのガラクタです。

多くの人は溜まっているガラクタに圧倒されて、「仕事も人生もうまくいかない」という悩みを抱えています。ひと言で言えば、八方ふさがりの状態です。

では、どうすればいいのでしょうか?

どうやって変化を起こせばいいのでしょうか?

ずっとしていない片づけに、どうやって取りかかればいいのでしょうか?

この本のテーマは、ずばり「ガラクタ処分」です。つまり、生活に支障をきたす諸悪の根源であるガラクタを捨ててスッキリしようというわけです。

ガラクタを捨てると、

＊自分を再発見できます
＊障害物を取り除いて幸せな人生を送ることができます
＊やる気がなく不安で不幸な精神状態を改善することができます
＊心の平和と明日への希望を得て、変化し、進歩していくことができます

自分のガラクタですから、自分で決めればいいのです。**所有物はなんらかの形で生活を豊かにしてくれてこそ価値があります。それに対し生活を豊かにしてくれないなら、明らかにガラクタです。**この本は、何を残して、何を捨てるかを識別するお手伝いをするために書かれています。

捨てることを学べば、そのプロセスは容易になります。捨てることができずに困ってい

ても心配する必要はありません。豊富な実例を紹介しながら、人生の主導権を取り戻すための的確なアドバイスをしましょう。

あなたはやがて、ガラクタをどんどん捨てている自分に気がつくはずです。快適空間を取り戻し、存分に生活を楽しむときが来たのです。

この本の構成

ガラクタとは、役に立たなくなったあらゆるモノを指します。自分の所有物との関係を検証すれば、それがよくわかるはずです。

各章に自宅や職場のガラクタを見極める方法を明記しました。それによって、

＊自分がモノを手に入れようとする心理と、変化から身を守るためにモノの中に隠れている心理がわかります。

＊ガラクタのために行き詰まって過去に生きてしまい、現在の豊かさを得ることができなくなっていることに気づきます。

＊ガラクタを溜め込むことが中毒になっていることと、苦しみから逃れるために内面のガラクタが外面のガラクタを生じることを発見します。

＊ガラクタが自分の内面と外面で関連している仕組みを知れば、人生について理解を深め、

必要なモノと不要なモノを識別する能力を身につけることができます。その結果、ガラクタを捨てたいという強い欲求を感じるようになります。

この本を通じて、ガラクタとは何か、そしてそれが人生にどういう影響を及ぼすかを説明し、ガラクタ処分をした人たちの興味深い経験談を紹介しましょう。ガラクタと一緒に生活しているのが自分だけではないことがわかるはずです。いろいろな人の経験談を読めば、自分のガラクタを見つけて捨てるきっかけにもなります。

さらに、「捨てるポイント」も随所に記しましたので、楽しみながら実行してみてください。それをヒントにして自分なりの方法を考えることもできます。また巻末付録として「ガラクタ処分の基本方針」を列挙しました。それもぜひ参考にしてください。

ガラクタ処分のすばらしいところは、いったん始めると勢いがつくことです。今まで眠っていた潜在能力が目覚め、たちまち人生が変わることでしょう。

CLUTTER BUSTING
by Brooks Palmer

First published in the United States of America by New World Library
Japanese translation published by arrangement
with New World Library, a division of Whatever Publishing Inc.
through The English Agency (Japan) Ltd.

心の中がグチャグチャで捨てられないあなたへ◎目次

第1章 捨てる捨てないは自分で決める

今こそ、いらないモノを捨てるときです。
モノを溜め込んでも幸せは手に入りません。
モノを捨てて過去から解放されましょう。

第2章　大切なのはモノではなく、あなた

生活に彩りを添えるモノは、あればたいへん便利です。
しかし、現代人の生活はいらないモノであふれています。
ガラクタを処分すれば、人生全体が驚くほど快適になります。

第3章 中毒になっていないだろうか？

現代は大量生産・大量消費の原理で成り立つ社会です。
人々は「モノが幸せをもたらす」と洗脳されています。
広告を無視することが洗脳を解いて自由になるカギです。

第4章
過去にしがみつく必要はない

思い出が現実になることは絶対にありません。
過去に生きようとするのはむなしい試みです。
今ここに生きていることの喜びを実感しましょう。

第5章 捨てればスッキリする

ガラクタが溜まるとマイナスのエネルギーが発生します。
それは平和な雰囲気を台無しにし、不快感の原因になるのです。
ガラクタを排除すれば、平和が戻って爽快感が得られます。

第6章 内面のガラクタが外面のガラクタをつくり出す

過去のトラウマから目をそらせていませんか？
それが身のまわりのガラクタとなって表れるのです。
ガラクタと向き合い、トラウマを解き放ちましょう。

第7章 自分や他人を罰するために、モノを溜め込むこともある

誰かを処罰するためにモノを溜め込んでいませんか？
そんなことをしたところで自分が苦しいだけです。
速やかに怒りを解いて建設的な行動をとりましょう。

第8章 心のガラクタを処分する

心の中にガラクタを抱えて生きていませんか？
モノを手に入れても気分のよさは長続きしません。
心のガラクタを捨ててスッキリしましょう。

第 1 章

捨てる捨てないは自分で決める

今こそ、いらないモノを捨てるときです。
モノを溜め込んでも幸せは手に入りません。
モノを捨てて過去から解放されましょう。

今、あなたは多くのモノを所有しています。店頭やテレビでは魅力的に見えたかもしれないモノも、いったん家に持ち帰り、すでにあるモノたちの中に置いたとたん、息苦しいほどの不快感を抱いたのではないでしょうか。

あなたの課題は、ガラクタに押しつぶされずに生き生きと生活することです。

あなたは行動を起こすことができます。前向きな方向に進めば、立ちはだかっている壁を取り壊すことができます。

再び自由になって爽やかに呼吸するときが来ました。この本を通じて、生活の中で何が大切かを決めるお手伝いをしましょう。所有物の要・不要を識別する力が戻ってきます。

現代社会は広告を通じて日々の生活に何が欠けているかを指摘し、大衆にそれを買わせようとします。その結果、あなたは惑わされ、多くのガラクタを持つはめになるのです。所有すべきモノに関する主張を毎日のように見聞きして、自分の心が過剰な情報にどれほど翻弄されているか想像してください。

これからは、あなたが自分にとって何が本当に必要かを決める番です。ガラクタを捨てれば、心が解き放たれます。あなたの中には強大なエネルギーが眠っているのです。

あなたの人生に対して他人が何を言おうと関係ありません。重要なのは、あなたが自分の人生を決めることです。

あなたは自分の人生のエキスパートです。自分の生活に本当に必要なモノだけに囲まれて快適に暮らすときが来ました。

いくらモノを溜め込んでも幸せは手に入らない

まず、この見出しのフレーズを何度も唱えてください。

私たちはモノをいっぱい手に入れて人生を意義深いものにしようとしますが、その試みはうまくいきません。いくら多くのモノを手に入れたところで、これで十分と感じることはないからです。

他人には必要でも自分には必要ではないモノはいくらでもあります。そういうガラクタを捨てれば、主体的な生き方ができて喜びが心の底からこみ上げてきます。確信を持って不要品を捨てるときが来たのです。

モノにしがみつくのは、変化を避けようとしている証しです。しかし、変化はあなたの体内の全細胞に内在しています。変化はあなたの人生で絶えず起きている現象なのです。**ガラクタにしがみついて変化から目をそらそうとしてはいけません。**あなたは今までガラクタを溜め込むことによって偽りの安心感を得ようとしてきました。しかし、変化はあなたの内部と周囲でつねに起きています。

過去の遺物を捨てましょう。そうすれば心の中が平和になります。しかも充実感が得られますから、モノを手に入れて満たされようとする必要がなくなります。

多くの人はモノを所有することによって心の中のむなしさを覆い隠そうとします。しかし、いつまでもそうすることはできません。今こそ、ガラクタを捨てるときです。

モノを所有して自分をごまかしてはいけません。ガラクタを捨てて本来の自分に戻りましょう。

「これは本当に必要か？」と自問する習慣をつける

私は人々のガラクタ処分を支援することを仕事にしています。依頼主のご自宅や職場を訪問し、所有物の片づけをお手伝いするのです。

私は単刀直入に質問をします。お客さんにしてみれば、どれも自分に投げかけたことのない質問ばかりです。たとえば、

「これはいりますか、いりませんか？　いらないなら捨てましょう」
「これは好きですか、嫌いですか？　嫌いなら捨てましょう」
「これは使っていますか、使っていますか？　使っていないなら捨てましょう」

おかしなもので、どのお客さんも「本当に捨てていいのですか？」と私に許可を求めます。自分の所有物ですから好きにすればいいのですが、「モノを持っていることには価値がある」と教えられてきたために、いらないモノを捨てるのが怖くてできないのです。

いらないモノを捨てると解放感が得られます。そのプロセスを理解すれば、自ら進んで捨てられるようになります。つまり、誰もが捨てる能力を持っているのです。ただ、その能力をしばらく使っていなかったので、心の準備が必要になるだけです。

先日、私の講演に参加した女性から電話がありました。講演の後で孫に「いらなくなったモノを手放すことはとても大切よ」と教えたところ、その幼い少年はおもちゃ箱を整理

して、「おもちゃを持っていない友だちに分けてあげる」と言ったそうです。
このようにガラクタ処分は、その気になれば誰にでもできるのです。

多くのモノを持てば持つほど、失うものも多くなる

若いころの私は筋金入りの無精者で、汚れた服や古雑誌、レコードなどを部屋の床に散らかしていました。母には「整理整頓を心がけなさい」とよく叱られたものですが、反抗して部屋の中はめちゃくちゃでした。

ところが、大学に入って美術を専攻したときに状況は一変します。きっかけは、指導教授に「芸術を創造するには頭の中をクリアにする必要があるから、つねに作業場の整理整頓を心がけなさい」と言われたことです。

それまでそんなことを考えたことは一度もありませんでした。しかし、**実際に作業場を整理整頓したところ、気分が爽快になり、集中力が高まり、創造性を発揮しやすいことがわかりました。**

私は片づけの効果に興味を抱き、自分の生活の他の分野でも効果があるかどうか試して

みることにしました。生活全体を芸術にしようと思ったのです。

寮の部屋を片づけたとき、古着の一部を処分し、机の上の書類の山を片づけました。一度も使ったことのない掃除機が見つかったので電源を入れたところ、大きな音を出し、部屋中に溜まっていたゴミを吸い取ってくれました。掃除をして最初に気づいたのは、部屋の中で過ごすのが快適であることと、嫌なにおいがしなくなったことでした。心の中が平和になり、イライラが消えて落ち着いた気分になりました。

私の次の経験は、大学時代に引っ越しのアルバイトをしたことです。どのお客さんも家から家へと大量のガラクタを運び込むので、私はとても驚きました。なぜそんなにたくさんのモノを必要としているのか理解に苦しみました。

結局、人間は一度にひとつのものしか使いません。それなら必要なときにレンタルすればいいのにと思いました。お客さんが所有していたモノの多くは古くて、傷やへこみがありました。もし道端で見かけたら無視して通りすぎるような代物です。そんなモノをいつまでも家の中に保管してどうしようというのでしょうか。

私がご自宅に到着してもまだ荷造りを続けているお客さんもいて、モノを手当たり次第に箱に詰め込んでいました。それらのモノがどんな状態かは気にしていない様子でしたから、大切にしていないのは明らかです。とにかくモノを所有していたいという思いが強く、空きスペースがあるのは悪いことだと考えているようでした。

私が気づいたのは、モノが気分を紛らわす役割を担っていたことです。身のまわりにモノがあふれていれば、悲しみや苦しみを感じないと思っているのかもしれません。また、モノが欲しくてたまらないという気持ちもあるようでした。

私が驚いたもうひとつの発見は、どのお客さんも強い不安を抱いていたことです。カップルはひんぱんに怒鳴り合っていました。元気がなく、恐怖心にさいなまれているように見えたこともあります。**モノを所有しすぎて、その多くが無価値であることを心の奥底では知っているようでした。**モノに執着するあまり、おたがいにとって大切な伴侶の存在をなおざりにしているように見えたこともよくあります。

あるとき、お客さんに「あの密封した古い箱の中身は何ですか？」と尋ねると、その人は「さあね」と答えました。事情を聴くと、過去の二度の引っ越しでも、その箱があったそうです。「箱を開けて中身を調べてみましょう」と提案すると、その人は怒って「そんなことはいいから、荷造りを手伝ってくれ」と言いました。そのとき、この人を含め多くの人がガラクタに執着し、どう処分していいかわからずにいることに気づきました。

プライベートでは、友人がマンションの玄関先で「部屋が散らかっているけれど辛抱してほしい」と不安そうに警告したことがあります。私は不思議に思って、「そんなに気になるなら、なぜ掃除しないんだい？」と問い返しました。そして部屋の整理整頓を手伝うと、その後、彼らの生活に良好な変化が起きるのを確認したのです。

以上のさまざまな経験から、私は人々がガラクタ処分の方法を知らないことに気づきました。大多数の人はモノを所有したいという強い願望を持っていますが、いつその願望にブレーキをかけてガラクタを捨てるべきかを知らないのです。私たちは立ち止まって、「なぜこれが必要か？」「自分が本当に求めているのは何か？」と考えません。

あまりにも多くのモノを持っていると明晰に考えることが困難になり、そのために自分の持っているモノが必要かどうか判断することができなくなります。学生時代に友人たちの片づけを手伝ったときにそれを感じました。彼らは心の平和と喜びを得たいという気持ちは強いのですが、役に立たないとわかっているモノに執着していたのです。

そこで所有物の要・不要について単刀直入に質問すると、彼らは自分がしがみついているモノの多くがすでに価値を失っていることに気づき、心の中の執着を解き放ちました。それまで所有物をそういう視点から見たことがなく、自分の生活にとって本当に大切なのは何かを考えたことがなかったのです。

あなたもその気持ちがわかるでしょう。あなたは今、生活の中で多くのモノを所有しているはずです。もしそれを盗まれたら、きっと衝撃を受けるに違いありません。

しかし、実際に何を失ったというのでしょうか？
社会が価値を認めるモノですか？
広告が「幸せでよりよい人生の必需品」と主張しているモノですか？
モノがあれば、本当に幸せですか？
それは生活の中でどれだけの価値がありますか？
不安を覆い隠しているだけではありませんか？

私たちは以上の質問をめったに自分に投げかけません。それどころか、多くの人は自分が所有しているモノにしがみつき、さらにもっと欲しがっています。その目的は気分をよくすることですが、結局は自分をごまかしているだけです。私たちは自分にとって何が本当に大切なのかがわからなくなっているのです。

多くのモノを持てば持つほど、失うものも多くなります。私はそれを自分の人生で確認しただけでなく、引っ越しを手伝った人たちを観察して気づきました。だからこうして人々のガラクタ処分を支援し、もはや大切ではないモノを手放して生活を本当に楽しむのをお手伝いしているのです。

私はあなたに笑顔を取り戻して快適で充実した生活を送ってほしいと思っています。過去にこだわり、モノに埋もれ、仕事で窮地に陥っている現状から抜け出してほしいのです。あなたにとって、生活の中の多くのモノは価値がありません。

この本を読んで、何が本当に大切かを見極める目を養ってください。お客さんのお宅に伺うと、そこにあるモノの75パーセントはもはやその人たちの役に立っていないことがわかります。**この本を書いたのは、あなたの心と生活を乱している不要で余計なものを排除し、自分にとって本当に大切なものを発見して本来の生活を取り戻してほしいからです。**

ガラクタ処分を庭の雑草を刈り取る作業のようなものと考えてください。作業を終えた庭はスッキリして美しいものです。

過去を解き放てば、解放感と爽快感が得られる

あなたは今、この文章を読みながら動揺しているかもしれません。その気持ちについて探ってみましょう。

自宅や職場のガラクタ処分について考えると、過去とのつながりを失うことを恐れていませんか?

もしそうなら、過去はもう終わったことを認識してください。それはもう何の役にも立たないのです。

過去にしがみつくのは、海底に沈んでいく錨《いかり》につかまるようなものです。しがみついていれば安心かもしれませんが、自分も一緒に沈んでいることに気づいてください。

以前、私は自分のガラクタ処分を友人に手伝ってもらったことがあります。彼女には

「容赦なく質問してほしい」と頼みました。彼女は箱の中から私が書いた詩集を見つけ、それについて質問したので、私は「それは大切なものだから保管しておく」と答えたのです。彼女はさらに質問してきたので、私はその詩集をその後一度も見ていないことに気づきました。それがガラクタであることを自覚してはいましたが、詩集は引っ越した後も箱の中に残っていました。詩集にこんなに執着していることが自分でも信じられませんでした。

ガラクタとはそれくらい強い力を持っているのです。彼女が詩集について質問すると、私は「よく書けていると思うので捨てることはできない」と主張しました。しかし、その詩集は失恋の悲しみを表現したもので、少し読むだけで過去の悲しみがよみがえってきました。結局、そんな思いをし続けたいかどうかを自問するはめになりました。

私は過去の人間関係に執着していることに気づきました。「恋を手に入れることは難しい」「どんなに苦しくても、一度した恋にしがみつくべきだ」という信念に凝り固まっていたのです。こうして内面のガラクタが外面のガラクタをつくり出すのです。自分がガラクタを捨てられずに苦しんでいるのに、お客さんにガラクタを捨てるよう指導することはできないと痛感しました。

結局、私は詩集を捨てました。ゴミ箱に捨てたときに鉛のような鈍い音がしたので、内面のガラクタが精神的な重みを持っていたことを実感したのを覚えています。しかし、いったん捨ててしまうと、すぐに解放感と爽快感が得られました。詩集に求めたのに得られなかった心の安らぎを感じたのです。

そのとき、詩集への強い執着を解き放つことができたと思いました。それは、多くの人がそれまでたいへん重要だと感じていたモノを手放した直後に抱く感情です。

信じられないかもしれませんが、詩集を捨てた一時間後、ロサンゼルスのテレビ局から電話がありました。私が携わっているガラクタ処分という仕事が面白そうなので、それについて特集を組みたいというのです。

これは古い詩集と思い込みを捨てたこととと無関係ではないと感じました。こうして**自分の人生に新しいものが入ってくるスペースができたのです。**

ここで、あなたに質問しましょう。

- 人生を変えるのに必要な変化を妨げているのは何ですか？

・本当は大切ではないのに、それにしがみついている理由は何ですか？
・何かにしがみついて身動きができなくなっている原因は何ですか？

以上の質問に正直に答えてください。そうすれば、あなたは過去を解き放ち、不要なモノへの執着を断ち切ることができるのです。

自分の内面と外面のガラクタを捨てれば、良好な変化が起こります。その結果、人生はそれまでとはまったく違うものになります。

第 2 章

大切なのは
モノではなく、あなた

生活に彩りを添えるモノは、
あれば大変便利です。
しかし、現代人の生活は
いらないモノであふれています。
ガラクタを処分すれば、
人生全体が驚くほど快適になります。

モノそのものには固有の価値はありません。モノは中立的です。ただ、私たちが勝手に価値を付随させているだけです。

モノはあなたを幸せにしてくれません。あなたは自分を大切にするときに幸せを感じるのです。幸せを感じているなら満ち足りていますから、もうこれ以上モノは必要ありません。あなたの生活は充実しています。今のままですでに十分なのです。

気分をよくするために何かを買っているなら、営利企業の販売戦略にまんまと乗せられています。そうやって、あなたにお金を使わせようと仕組んでいるのです。

たとえモノを手に入れて一時的に気が紛れたとしても、不幸せな状態は続きます。目新しさがなくなれば、すぐに気分が悪くなるからです。そんなときは、またもやモノを手に入れて気分をよくしようとします。

しかし、その習慣はもうやめるべきです。新しいモノを手に入れて気分をよくしようとしても、きりがありません。

その習慣を断ち切ってください。

幸せはモノに依存しているわけではありません。

気を紛らわせるために家の中で保管しているガラクタを捨てれば、心がとても落ち着くことに気づきます。あなたが探しているものは、ずっとそこにあったのです。そう、ガラクタの下に埋もれていたのです。

あなたはこれ以上何も必要としていない

あなたは何も持たずに生まれ、何も持たずに死んでいきます。しかし、生きている間はモノにしがみついて暮らします。そうすることによって楽しみを感じ、勝ち誇り、注目を浴び、人間として向上すると期待しているのです。

しかし、モノにしがみつくのは不安の表れです。いくらそんなことをしても永続的な喜びは得られません。結局、モノは目新しさを失い、老朽化して破損し、場合によっては紛失や盗難の憂き目にあうからです。

海で溺れそうになっている自分の姿を想像してください。あなたは海面に浮いているためにモノにしがみつこうとしますが、それは手の届かないところに行き、「もう一巻の終わりだ。これから海の底に沈んでいく」と思ってあきらめます。

でも大丈夫です。あなたは沈みません。モノにしがみつかなくても海面に浮かんでいられるのです。それはじつに平和な気分です。幸せに暮らすにはモノが必要だと思い込んでいたのですが、それは間違いだったのです。パニックは消え、不安はなくなりました。あなたは生きているだけで幸せを感じています。

これこそ、ガラクタからの解放によって得られる恩恵です。あなたは幸せになるためにモノを必要としていません。モノがなければ幸せになれないと考えるのは思い込みです。あなたは今のままで満ち足りているのです。

たとえモノがなくても、愛と喜びを得て、興奮と冒険を楽しむことができます。際限なくモノを手に入れて、それにしがみつこうとする欲求を完全に満たすことはできません。衝動的な買い物、表面的な人間関係、見当違いの成功への試みを通じてその欲求を満たそうとしても、ますます気分が悪くなるだけです。

モノを手に入れれば幸せになれるという考え方を捨てましょう。冷静に検証すれば、そんなことは決してなく、「ほんの短時間だけ幸せになれた」という錯覚を抱くだけだとわかるはずです。満たされない欲求にもとづく行動は、さらにもっと多くのモノを手に入れようとあなたを駆り立てます。

そろそろ、そういう生き方をやめて方向転換をしましょう。考えるだけだと不可能なように感じますが、行動を起こせば前進することができます。行動にはとてつもない力があるのです。正しい方向に行動すれば、悲しみと抑うつに打ち勝つことができます。

この本を読みながら、あなたはすでに方向転換をしつつあります。ずっとその方向に進んでください。そうすれば自由と幸せと心の平和を手に入れることができます。長年の習慣を断ち切ることに不安を感じるかもしれませんが、それでも前進を続けましょう。

買い物ではいつまでも満たされない

どんな人でも落ち込むことがあります。そんなときは買い物という即効性のある解決策に頼りがちです。インターネットであれショッピングモールであれ、あなたはそこで何かを買って元気を出そうとします。他人がテレビや雑誌の広告でモノを手に入れて大喜びしている姿にあこがれ、自分が過去にモノを手に入れて嬉しかったときのことを思い出し、「夢をもう一度」という気持ちになっているのです。

しかし、何かを買い求めているとき、あなたは明晰に考えているわけではありません。

だから、何を買っても、どこかに欠点があります。

モノが幸せを生み出すことはありません。もし気分がふさいでいるのなら、前向きになって自分を励ませばいいのです。そうすれば気分がよくなります。しかも無料ですから、翌月にカード会社から請求書が届くこともありません。

とはいえ、生活に必要なモノまで我慢しろと言っているわけではありません。時おり少し贅沢をすることを否定しているのでもありません。この本の目的は、生きていくために何が本当に必要かを見極めることです。

モノを手に入れると、なぜ嬉しいのか

もうひとつの問題は、何かをどうしても所有したいと思うタイミングです。あなたはそれを所有することを考えるだけでワクワクしました。それがないので苦痛を感じたくらいです。たしかに、それを手に入れると喜びが得られました。しかし、**その喜びの本当の理由は、モノを手に入れたことによるのではなく、欲しくてたまらないという苦痛から解放されたことによるのです。**言い換えれば、モノの恩恵を得た喜びではなく、欲求不満を解

消したことの喜びです。

何かが欲しいという思いを検証してください。あなたは不快でいたたまれないはずです。それを手に入れるまでは物事がうまくいっていないように感じることでしょう。では、それを手に入れたらどう感じますか。欲しくてたまらないという気持ちが収まり、ホッとするはずです。しかし、それを手に入れることで喜びを得たのではありません。あなたが感じている幸せは、物欲を一時的に満足させたことによるものなのです。

企業は広告を通じて人々の心の中に「これが欲しい」「これが必要だ」という欲求をつくり出します。この欲求はものすごく強力な心理操作によるものです。あなたは精神的苦痛を感じ、その解決策として商品を買うように誘導されます。「この商品を買えば、その苦痛を軽減できますよ」というわけです。

しかし、あなたは今のままで十分に幸せなのです。巧みな広告戦略によって「何かが足りない」という気持ちにさせられ、精神的苦痛を解消せざるを得ない心理状態に陥っているだけです。だからこそ、いったんモノを手に入れると、なかなか手放すことができないのです。それを手放すと自分の一部が失われるように思い込んでいます。しかし、それは幻想といっても過言ではありません。あなたはそれがなくても満ち足りているのです。

大切なのは、心の平和

私がガラクタ処分で成果をあげているとすれば、大切なのは人々の幸せと心の平和だという信念を持ってお手伝いをしているからです。

あなたは二つの目的を持ってこの本を読んでいます。すなわち、人生についての不満を解消することと、モノに対する執着を解き放つことです。

あなたはすべての所有物が自分にとって価値があると確信していますが、その確信は本当でしょうか。実際はガラクタに執着しているために、その弊害が見えていないだけなのです。

モノはなんらかの機能を果たしてこそ価値があります。モノは生活を便利にしたり楽しみを増やしたりするのが使命です。したがって、そういう使命を果たさなくなればガラクタになります。そんなものをいつまでも保管しているなら、ガラクタのために働いているようなものです。ガラクタを保管する場所を確保するために一生懸命に働いて家賃や住宅ローンを払っているのですから。現代人が多忙なライフスタイルに翻弄されているのも不思議ではありません。

これから不要なモノを見極めて、生活をシンプルにするお手伝いをしましょう。シンプルな生活は幸せをもたらしてくれます。

まず、「自分にとって何が尊いか？」と問いかけてください。

心の平和ほど尊いものはありません。それはかけがえのないものであり、あなたの最大の「資産」です。あなたはなんらかの所有物が尊いと感じているかもしれません。しかし、それは自分にそう言い聞かせてきたからです。

もしそれを所有していなかったら、いったいどうなりますか？

もしそれについて一度も聞いたことがなかったとしたら、どうだったでしょうか？

あなたにとって何が本当に重要ですか？

子どもが無邪気に遊ぶ様子を見てください。たいていの場合、大人が高価なおもちゃを買い与えても、子どもはそんなものを無視して棒や紙でゲームをしたり何かになりすましたりして遊びます。大人は高価なおもちゃのほうが楽しいと思い込んでいるのです。

さあ、子ども心を取り戻して生活をシンプルにしましょう。

家は冷蔵庫のようなもの

再び生活の場を生き生きしたものにするために、鋭い目で周囲を見渡してください。次のたとえがあなたの意識改革に役立つはずです。

冷蔵庫の中に食料があり、その一部は腐っているとしましょう。以前は新鮮だったのですが、時間の経過とともに腐ってしまったのです。腐った食料が交じっていると、新鮮な食料まで腐っているように見えてきます。そこで、あなたはやむを得ず外食をします。

あなたの家は、この冷蔵庫のようなものです。そこにあるモノのいくつかは新鮮ですが、ほかのモノは腐っています。

新鮮なモノは役に立ち、生活を向上させてくれますが、腐っているモノは必要ないので使いません。そんなガラクタをいくら保管しても、空間を占拠し、流れが停滞するだけです。それは持ち帰ったときにすでに腐ったのかもしれませんし、最初は新鮮だったけれども時間の経過とともに腐っていたのかもしれません。

腐っているモノは生活に支障をきたしますから、あなたは家で多くの時間を過ごしているうちに気分が滅入ってきます。そして家の外に出る口実を探します。

腐っているモノを捨てて生活を楽しみましょう。それは自分を大切にすることにほかなりません。

何人分のモノを持てば満足なのか？

モノに埋もれていると、自分を大切にするのは困難になります。所有物の大半を使っていないにもかかわらず、多くの人はさらにもっとたくさんのモノを欲しがっているのが現状です。「最新式のＤＶＤプレーヤーと高級車があれば、自分は幸せになれるに違いない」と思ってしまうわけです。

しかし、よく考えてください。もし実際にモノのおかげで生活が豊かになるというのなら、そんなにたくさんのモノを必要としないはずです。何かを買えば、ずっと気分よくいられるかというとそんなことはなく、何を買っても永続的な効果は得られません。

その理由は、モノそのものには価値がないからです。**どんなモノでも貴重なように思えてきます。しかし、それは自分がそれに意味を見いだしているからにほかなりません。**

それに価値を与えるのは、あなた自身です。その価値は想像上のことで、あなたがそれを現実のようにしているだけなのです。

不要なモノを手放して自由になりましょう。それは今すぐにできます。

ガラクタからは何も生まれない

以前、私はバーテンダーとして働いていたことがあります。人々のお宅に出張してパーティーの飲み物をつくるのです。

ある男性が親友の誕生日を祝うために自宅で盛大なパーティーを企画し、多くのお客さんが集まっていました。その男性は高価な音響装置を持っていて、その場にふさわしい音楽を流す準備をしていましたが、お客さんは誰一人として気づきませんでした。みんなおしゃべりに熱中していたからです。

バースデーケーキのロウソクに火をともす時間が来たとき、その男性の奥さんがみんなをリビングルームに呼び寄せました。ところが、その男性は「すぐに行く」と言って、まだ音響装置をいじくっていたのです。リビングルームから歓声が聞こえ、お客さんたちはいっせいに拍手をしていました。奥さんが「あなたも早く来て」と再び呼びかけると、その男性は「もうすぐ行く」と答えたのです。ロウソクの火が吹き消されて歓声が上がっているのが聞こえました。ところが、その男性は妻の要求を無視して、まだ音響装置を直していたのです。

これは生活に役に立たないモノに執着している人の典型的なパターンです。多くの人はこんなふうにガラクタにしがみついているのが現状です。彼らは自分のしていることを把握せず、なぜ自分がそんなことをしているのかもわかっていません。もしかしたら、あなたもこういう無用の活動に人生の大半を浪費しているのではないでしょうか。

あなたの役に立つモノは、いうなれば人生を豊かに育んでくれる肥料です。それはあなたの人生に彩りを添えてくれます。しかし、ガラクタは何の足しにもなりませんから、いくらそれを溜め込んでも人生は豊かになりません。いつか自分が溜め込んできたガラクタを見て、不毛の地にかろうじて生きていることに愕然とすることでしょう。

役に立たなくなったモノを手放し、目の前に開けてくる道を歩んでください。それは明るい未来へとつながっている道です。

自分に合わないライフスタイルもガラクタだ

価値のないモノにのめり込んでいる人の例をもうひとつ紹介しましょう。

あるお客さんはドレッサーの上に男性の写真を飾っていました。私は気になって「これは誰ですか?」と尋ねると、彼女はほほ笑んで「その人は私の先生です。すごい人なんですよ」と言うのです。ドレッサーの横の床には汚れた服が積んでありました。それを拾い上げると精神的な重みを感じ、ガラクタだと直感しました。

机の上に積んである書類について尋ねると、彼女は暗い表情になってため息をつき、それを見ようともしませんでした。それがガラクタである証しです。問いただすと、「一年前に受講したヨガのクラスの書類です」と答えました。ドレッサーの上の写真はヨガの先生の写真だったのです。「その書類は重要ですか、それとも捨てますか?」と尋ねると、彼女は思案に暮れながら「スピリチュアルな世界になじめず、あまり優秀な成績を収めることができなかった」と言いました。

「誰がそう決めたのですか?」と尋ねると、彼女は戸惑っている様子でした。不健全な信念を疑問視することに慣れていなかったのです。

彼女は「クラスの基準です。ほかの人たちはみんな優秀でした」と答えました。

そこで私はこう言いました。

「あなたは自分をほかの人たちと比較していますね。この男性に洗脳されて、あなたは窮屈な生き方をしているのです」

彼女はそれを聞いてホッとした様子なので、私は話を続けました。

「あなたは自分にとって適切なライフスタイルではなく、他人のライフスタイルに合わせて自分の人生設計をしようとしています。しかし、本当に大切なのは、自分の本来の能力を生かして自由な生き方をすることです。他人と比較していると自分を見失う結果になります。他人に指示されたとおりのライフスタイルにしたがって生きようとすると苦しむだけですよ」

彼女は自分に合っていないライフスタイルにしたがってきたことに気づき、ヨガの先生の写真と書類をゴミ箱に捨てました。彼女は爽快になって幸せそうで、表情が輝いていました。彼女はそれまでの洗脳を解き、精神的に自由になったのです。

捨てるポイント

★周囲のモノの価値を検証しよう。「そのために自分が窮屈な思いをして生活が犠牲になっていないか?」と問いかけてみる。心を開いてモノの価値を見極め、もし価値がないとわかったら、今すぐに捨てよう。

第 3 章

中毒になっていないだろうか？

現代人は大量生産・大量消費の
原理で成り立つ社会です。
人々は「モノが幸せをもたらす」と
洗脳されています。
広告を無視することが洗脳を解いて
自由になるカギです。

現代人はガラクタ中毒にかかっています。つまり、所有物の中に自分らしさを求めようと躍起になるあまり、不要なモノに執着しているのです。

そんなことをしても意味がありません。あなたは絶えず変化していますから、モノの中に自分らしさを求めることはできないのです。ところが、多くの人はモノによって自分らしさを確認しようとするので、モノを手放せずに苦しんでいます。

自分らしさを確認するためにモノに頼る必要はありません。たしかにモノを活用して便利な生活を送ることはできますが、それによって自分らしさを確認する必要はどこにもないのです。

あなたはモノを持たなくても十分に価値があります。あなたは唯一無二の存在であり、モノの中に自分らしさを求めなくてもいいのです。

広告に翻弄される現代人

あなたはガラクタ中毒であることを恥じているかもしれませんが、その責任がすべてあなたにあるわけではありません。「モノを買わなければ自分には価値がない」と人々に感じさせるために、毎年、莫大な広告費が使われているのが現状です。実際に必要かどうかは関係ありません。あなたは今までずっと、「モノを買わなければ幸せになれない」と思うように仕向けられてきたのです。

テレビで見かけるコマーシャルの典型的な例を紹介しましょう。

何かがないために悲しそうにしている人がいます。そこに突然、ある製品が登場すると、音楽が大きく鳴り響き、画面が明るくなり、その人を演じている役者は幸せそうな表情を浮かべます。

こんなコマーシャルを毎日のように見聞きしていると、私たちの心理にどんな影響を及ぼすでしょうか？

「モノがあれば幸せになれる。モノを手に入れれば人生が変わる。そうだ、今すぐモノを買おう」と感じるようになるはずです。そのように計算されて制作されているのですから当然でしょう。

テレビのコマーシャルだけではありません。

街中で車を運転していると、何かを買うように働きかける看板が目に入り、心が動きます。これと同じ現象は新聞や雑誌の広告を見ていても起こります。さらに、街角で商品のブランド名を見ていても、その商品を買いたいという衝動が起きます。

あなたは大量生産・大量消費の社会の中で、モノを買うことをライフスタイルに組み込むように洗脳されているのです。問題は、誰もがそんなふうに暮らしているのを見て、この際限のない消費行動に疑問を感じなくなっていることです。

もし何かを買って心から満たされるというのなら、こんなすばらしいことはないでしょう。しかし、「これを何年も前に買ったおかげで、ずっと幸せだ。もう食べ物のほかは何もいらない」と思っている人がいるでしょうか。どの人も本当は必要ではないモノを買い、すぐに退屈しているのが現状です。

人々は企業の巧みな広告戦略に乗せられて、「これを買えば、もっと幸せになれる」「あれを手に入れれば、きっと楽しい生活を送ることができる」と思わされています。一時の快楽に浸ったときのことを思い出し、それを求めてまた買いたくなるのです。それを自覚しないかぎり、このサイクルはいつまでも続きます。

多くの場合、このサイクルを断ち切ることは困難を伴います。なぜなら、広告は精神的安定を得たいという人間心理の弱みにつけ込むからです。「これを買えば、幸せになれますよ、かっこいいですよ、愛されますよ」というわけです。

しかし、いくらモノを手に入れたところで、精神的安定は長続きしません。あなたは「そんなことはない」と思うかもしれませんが、それは今までずっとそう思うように広告を通じて洗脳されてきたからです。

実際、広告は洗脳に打ってつけの手段です。「モノを手に入れれば幸せになれる」という考え方は、あなたの信念体系の中に刷り込まれています。信念体系とは、世の中をどう見るかという無意識の心理のことです。

あなたはそれに気づいていませんから、疑問を持つことすらありません。その結果、「モノが幸せをもたらしてくれる」と知らず知らずのうちに期待しているのです。

しかし、モノにはそんな作用も能力も意志もありません。そのために、あなたは期待を裏切られて不幸になり、かえって精神的に不安定になっているのです。

結局、あなたは自分を責め、自らの信念体系を検証することなく、ますます多くのモノを手に入れて心の空洞を埋めようとします。このサイクルは止まりません。なぜなら、あなたはその根本原因を直視していないからです。

唯一の解決策は、モノに執着しないことです。広告が説いていることを無視すればいいのです。

モノはあなたの幸せを維持するのに役立ちません。むしろ、モノがあるために、あなたは人生で本当に必要なのは何か、本当に欲しいのは何かということが見えなくなっているのです。

生活の中のさまざまなガラクタを捨てましょう。そうすればスッキリします。人生の本質が見えてきて、変化を受け入れることができます。そうすれば、あなたは虚構から解放されて自由になることができます。

あなたは偽りの生活を送っていないか？

あなたを含めて大多数の人は、どこかで見聞きしたイメージ、コンセプト、ブランドにもとづく偽りの生活を送っています。無意識のうちに、あなたはそれが他人の目から見て自分を格上げすることになると感じました。そして、もし他人に受け入れてもらえば、ようやく自分を受け入れることができると思ったのです。

他人の動向はあなたに大きな影響を及ぼしています。あなたは他人に認められるために自分ではないものになりすましているからです。しかし、たとえ他人に認められても、その人がいつ心変わりをするかもしれないという恐怖に絶えずおののきながら暮らすことになります。

ほとんどの人は他人に認めてもらうために生きていますが、それでは幸せになることはできません。実際、そのためにみじめな思いをしている人はたくさんいます。モノをいっぱい手に入れて他人に認められようとしても徒労に終わり、結局、ガラクタを溜め込むことになるだけです。

この妄想から自由になるためには、ほとんどの人は周囲の人に認められることに固執して生きているという認識を持つ必要があります。彼らはあなたのことなどさらさら気にかけておらず、ただ自分を認めてほしいだけなのです。

あなたが認めてほしいと必死で思っている人は、じつは、あなたに認められたいと思っているのです。

このことは、アメリカ大統領を見れば一目瞭然です。アメリカ大統領といえば世界の最高権力者だと考えられています。多くの人がこの人に認められようとしていますが、ホワイトハウスで働いている人たちは大統領が正しい決定をして再選されるために、絶えず世論の動向を気にしています。つまり、大統領はあなたに認められようと必死になっているのです。たしかに二期目になるともう再選はありませんが、それでも自分が残した足跡が後世の人たちに認められるかどうかを気にしています。

いくら世間に認められても、それで十分だと感じることはありませんから、あなたは自分を認めることができません。こういう生き方は、それ自体がガラクタです。言うならばライフスタイルのガラクタです。生きていても悲嘆と失望に明け暮れるばかりで、幸せを感じることはできません。

こんな価値観では、いくら頑張っても、世間に十分に認められたと感じることはないでしょう。だから自分を認めるだけでいいのです。

自分がこれで十分だと感じるとき、あなたの心は落ち着きます。あるがままの自分を受け入れることによってのみ自由を手に入れることができるのです。

あなたは自分が所有しているモノと一体化しようとする

たいていの場合、あなたはあるがままの自分では不十分だと感じていますから、車や装飾品などの所有物と一体化しようとします。だから、それが盗まれたり壊れたりすると取り乱し、それが他人のモノなら何をされても平気でいられるのです。さらに、広告による催眠効果が組み合わさって、あなたはモノを過大評価し、それを手放すことができなくなっています。

深い意味で、あなたが今、所有しているモノにはあなたの痕跡が染みついています。しかし、価値のない所有物は生活に支障をきたすだけです。所有物に価値があるかどうかを検証し、それまで一体化してきたモノへの愛着を断ち切りましょう。

たんにこの本を読むだけでも、ガラクタを処分するきっかけになるはずです。今、このページをめくりながらでも、生活の中からガラクタを取り除くことができます。

他人に認められなくてもだいじょうぶ

数年前、あるお客さんは、ありのままの自分ではダメだと思い込み、ガラクタにしがみついていました。スピリチュアルな自己啓発のカセットテープをたくさん隠し持っていたのです。たいへんうまく隠されていて、見つかったときは本人が驚いていました。

私がデスクやクロゼットの引き出しを開けて発掘を開始すると、雑多なガラクタの下に隠されたカセットテープが何百本も出てきたのです。すべて衝動買いらしく、どれも未開封のままでした。

彼女はそんなカセットテープを持っていることを恥じていました。そして、「そんなものに頼ることは弱さの証しだから、もっと強くなって自分で正しい決定ができるようにならなければいけない」と感じていました。皮肉なことに、そういう気持ちがスピリチュアルな自己啓発にますますのめり込む要因になっていたのです。

さらに彼女は、「他人によく見られたいと思うから、余計に自分をよく見せないといけないという気持ちになる」と言いました。

そこで私はこう言ったのです。

「あなたは他人に認められて初めて気分がよくなるのですか？　そういう姿勢では人生が困難になるだけですよ」

彼女は泣き崩れました。自分の思い込みをはっきりと言葉で表現してもらうと、それを解き放つことができるのです。彼女の考え方を想像してみてください。彼女はそのために精神的に疲れ果てていました。

しかし、涙をぬぐったとき、彼女は晴れ晴れとした気持ちになり、笑みを浮かべていました。外面のガラクタを生み出していた内面のガラクタが取り払われたからです。

彼女はカセットテープを二本だけ保管し、残りをすべて寄付することにしました。その二本のカセットテープはガラクタではなく、彼女にとって役に立つ内容だったのです。

捨てるポイント

★周囲を見渡そう。スピリチュアルな自己啓発のプログラムを収録したカセットテープやＣＤを保管していないだろうか？

★「そういうカセットテープやCDを保管して何が得られるのか？　本当にそんなものを求めているのか？」と自問してみること。

今まで「成功志向」の強いお客さんをたくさん見てきましたが、たいていの場合、そういう心理はその人たちの心身に悪影響を及ぼしているのが実情です。その人たちは自分の人生の妨げになるようなプログラムを心の中に刷り込んでいます。見せかけだけの成功を追い求めて、本当の意味での充実したライフスタイルをないがしろにしているのです。

「私は……したときに成功したと感じる」という文を完成させ、次の二つの質問を自分に投げかけてください。

①それは自分にとっての成功か、それとも他人の考える成功か？
②それによって幸せになれるか？

以上の二つの質問を自分に投げかけることで、あなたは自分にとって本当に価値のあるのは何かを問う習慣を身につけることができます。

いくら高価なモノでも役に立たなければガラクタ

ときには人々は値段が高かったという理由だけでガラクタを溜め込みます。

一例を紹介しましょう。ある中年の夫婦がガレージをきれいにするために私に相談に来ました。すぐに目に飛び込んできたのは数々のスポーツ用具です。ローラースケート、スキーの板と靴、キャンプ用具、バスケットボール、バドミントンのラケットとシャトル、トランポリン、固定式自転車などなど。

これらのモノが雑然と置かれていて、ガレージが廃品置場のようになっていました。ご存じだと思いますが、ガラクタはガラクタを招き寄せるのです。

「これらのモノを最後に使ったのはいつですか？」と尋ねると、ご夫婦はあいまいな記憶を呼び覚まして「たぶん数年前だと思う」と答えました。「数年来、一度も使っていないなら捨てましょう」と提案すると、ご夫婦は「値段が高かったから、それはできない」と反発しました。

そこで私は言いました。

「無用の長物に多くのお金を使ったなら、それを捨てたほうがかえってスッキリしますよ。そうしないと、それを見るたびにお金を無駄にしたことを後悔することになりますから」

ご夫婦は黙っていました。

「運動はしているのですか？」と尋ねると、「夕方になると、夫婦で犬を連れて裏の丘を散歩するのが日課で、それがとてもいい運動になっている」と言うのです。そう語るご夫婦を見ると、とても楽しそうで表情が生き生きしていました。

私が「散歩はとてもいい運動になりますから、それで十分ですよ」と言うと、ご夫婦はうなずいていました。そこで、私はこんな提案をしたのです。

「ガレージの中のガラクタを見たとき、お二人とも後ろめたくて悲しそうなご様子でした。それに対し散歩について語るときは上機嫌で、はつらつとされていました。日頃、どちらの精神状態をお望みですか？」

ご夫婦の目を見たとき、私の提案の趣旨が理解できたようだとわかりました。

奥さんは「では、ここにあるスポーツ用具をすべて捨ててもいいのですね？」と言いました。私はうなずき、すぐに慈善団体に電話をして引き取りに来る手はずを整えてもらいました。その決定をくだすと、ご夫婦の顔には安堵の表情が浮かんでいました。

人々は、幸せをもたらしてくれるからではなく、値段が高かったからという理由でモノに価値を見いだそうとする傾向があります。それで生活が豊かになるかどうかを考えるのを忘れ、値札やブランド名で満足してしまっているのです。

幸せとは単純明快であり、説明を要するような複雑な概念ではありません。モノの存在価値を値札やブランド名で正当化しているなら、それはガラクタです。

捨てるポイント

★「せっかく買ったのに使っていないモノはないか？」と自分に問いかけよう。それは、生活を快適にしてくれるはずの電化製品や誰かに推薦してもらった本、あるいは、気まぐれで買った服かもしれない。

★それを自宅の別の場所に置いてみる。もしそれをその新しい場所で使わないなら、またはその決定を先延ばしにするなら、それはガラクタだ。

★それをテーブルや椅子の上に置いてみる。裁判所の尋問のように、それが生活に役立っているかどうかをきびしく検証する。一つひとつのモノが生活に役に立っているかどうかは即答できるはずだ。尋問を引き延ばしても意味がない。もしそれが生活に役立っていないなら、その代わりに何を使い、何をしたいかを自問しよう。

目標さえも、ときにはガラクタになる

教会の牧師をしている女性からガラクタ処分の依頼がありました。彼女は信徒たちを勇気づけることが自分の職務だと考えていました。私に相談をしたのは、オフィスの整理整頓を手伝ってほしかったからです。彼女のデスクの上はぐちゃぐちゃで、その周辺にはいろいろな本と書類がいっぱい散らかっていました。

壁のまわりに宣言を書いた紙が貼ってあるのに気づきました。全部で二十枚以上もあり、「私は毎日ますますよい人になっている」「私は愛される人になっている」「私は神様が望むような人間に近づいている」などと書かれていました。

その紙は古くなって黄ばんでいて、はがれそうになっていました。それらの宣言が書かれた紙はずっとそこに貼ったままで、あまり効果がないようでした。結果として、自分はまだ十分ではないという過酷な現実を思い起こすことになっていたからです。

私はそれを声に出して読み、彼女のほうを向いて「もうこんな紙を貼っておく必要はありません。あなたはすでにその目標を達成していますよ」と言いました。

私はさらにこう言いました。

「あなたはすでに立派な人です。それを自分に対して証明する必要はもうありません。あなたはもう十分に価値があります。あるがままの自分を見ることができたら、もっと幸せになれますよ。こんな紙を貼って自分に無理な要求をすることなんてないのです」

彼女はうなずきながら涙を流しました。そして壁に貼ってある紙を一枚ずつはがしてゴミ箱に捨てました。いったんそれができれば、机の上やそのまわりのガラクタを処分することは簡単でした。二時間以内に彼女のオフィスはスッキリしました。

このお客さんの宣言のように、ポジティブなように見えるガラクタもときにはあります。しかし、理想の自分を追い求めるあまり、自分はまだ不十分なのだという思いを強化する結果になっていることがよくあるのが実情です。

本の山が何を意味しているか？

ガラクタに囚われて身動きができなくなっている例をもうひとつ紹介しましょう。

以前、ある女性が自宅のガラクタを処分してほしいと依頼してきました。ご自宅はリビングルームと寝室がひとつになったワンルームマンションです。部屋全体に何百冊もの本が散らかっていました。書棚が壁の大半を埋め尽くし、書棚の周囲にも本が積まれていたのです。

私が「まるで図書館の書庫のようですね」と冗談を言うと、彼女は不安そうに笑みを浮かべました。本人はそれが問題であることを認識していたのですが、自分の気持ちを認めるのが怖かったのです。

彼女は自分を強迫神経症だと言っていました。私は強迫神経症について聞いたことがありますが、医師ではないのでお客さんとそれについて話し合う資格はありません。そこで、感情のレベルで単純明快に話し合うことにしました。

つまり、「これは必要ですか？　もし必要でないのなら捨てましょう」と問いかけるのです。

そうすれば、お客さんはハッと気づいて、よい決定をすることができます。

薬物療法を受けている人たちもたくさん見てきましたが、中にはそのために捨てる能力を失っている人もいました。あるいは、自分で本を読んで強迫神経症だと思い込み、それを言い訳にしてガラクタを溜め込んでいる人もいました。この人たちは医療に頼らなくてもモノを捨てることができますが、症状が深刻な場合は専門家に相談するようにしてください。

さて、私はどの本にもほこりが溜まっていることに気づき、「日頃、これらの本を読んでいるのですか？」と質問しました。すると彼女は「しばらく忙しかったので本を読む暇がなかった」と答えました。そのとき彼女はしかめ面をし、うつむき加減で、がっくりきている様子でした。自分が抱えている本の状況について話すのを嫌がっているのは明らかです。

私が「本を一冊ずつ吟味して、どれを捨てたらいいか見極めましょう」と言うと、彼女はためらいがちに同意しました。

結局、彼女は本の大半を読んでいませんでした。ただ、本にしがみつこうとしていたのです。理由を聞くと警戒したので、私は質問を変えました。「本はあなたにとってどんな意味があるのですか？」と尋ねると、彼女は遠くのほうへ目をやり、うっとりしたような表情を浮かべたのです。そしてまるで少女のような顔つきで、本がどんな力を持っているか、本から得られる知識がどんなに貴重か、本を通じて成長し続けることがどんなに大切かを話しました。

私は話を聞いているうちに、彼女の行動が劣等感に端を発し、本を読めば読むほど賢くなれるという思い込みに囚われていることに気づきました。彼女はいつも頭が悪いと心の中で感じていたので、本を読まなければならないという強迫観念を抱いていたのです。しかし、実際に本を読む時間がないので、本を積んで読んでいるふりをして自分をごまかしていたのです。

あなたにもそういう経験はありませんか？

彼女はガラクタの中で囚われの身として暮らしていました。部屋の中にあふれている本を見て賢くなったと感じるどころか、気分が悪くなるばかりでした。なぜなら、本の山を見るたびに、「自分は頭が悪い」という思い込みを強化する結果になっていたからです。

多くの人は、自分がより優れた人間に見えるモノを所有したがります。華やかな衣装や装飾品をまとって、「立派な人だ」と周囲の人が思ってくれることを期待しているのです。多くの人は業績や賞状、学位、身近な人などを使って自分を引き立たせようとします。いうなれば自分の誇大広告ですが、それによって自己満足に浸るのです。

ガラクタを処分するときは、自分の業績や地位を誇示するモノを疑問視してください。たいていの場合、それらのモノは、あなたの劣等感とかかわっています。人々は自分の価値を業績によって証明しようとし、業績を達成して初めて自分は価値があると思えるようになります。

私がこの本を書いたのは、モノを集めて自分をよく見せようとするのは虚構であることを力説するためです。

業績を達成するかどうかに関係なく、あなたはつねに価値のある存在なのです。

どうか、そのことを忘れないでください。

私はこのお客さんに言いました。

「あなたはここにあるすべての本よりも価値のある存在です。それを理解しないかぎり、世界中の本をすべて所有しても物足りないという思いにさいなまれますよ」

彼女は黙ったまま、私の言ったことを考えていました。

彼女は「自分の頭のよさを周囲の人に知ってもらいたい」と言い、いくら頑張っても能力を認めてもらえないことに不満を漏らしました。

私は答えました。

「周囲の人にいくら印象づけようとしても無駄です。その人たちは自分のことで精一杯で、あなたのことを気にかける余裕なんてありません。大切なのは自分を認めることです。そうすれば、それをきっかけにすばらしい人生を築き上げることができます」

彼女はうなずきながらガラクタ処分に同意し、私と一緒にいらない本を箱の中に入れて地元の図書館に寄付しました。

捨てるポイント

★一年以上使っていないか、一度も使っていないモノを見つける。それを椅子の上に置き、少し離れて眺めながら、それと話している様子を想像してみる。自己紹介をし、少し世間話をしてから、「しばらく見かけなかったけれど、最近、どうしてたの？」と問いかけて、それがどういう返事をするかを考えてみよう。

★次に、捨ててもいいかどうかをそれに尋ねる。もし「捨ててもいい」という答えが返ってきそうなら、すぐにその場で捨ててもかまわない。しかし、もし「まだもう少し様子を見てほしい」という答えが返ってきそうなら、インタビューをしている新聞記者のように問いかけを続けよう。

以上をやってみると、真実が見えてくるはずです。真実が見えてきたら、あなたは平和な気持ちになり、エネルギーがわいてきます。

第4章

過去にしがみつく必要はない

思い出が現実になることは
絶対にありません。
過去に生きようとするのは
むなしい試みです。
今ここに生きていることの
喜びを実感しましょう。

過去に生きるために、それを思い起こさせてくれるモノにしがみついていませんか？この習慣の根底にあるのは、すばらしい瞬間はめったにないから、それを保存して絶えず思い出す必要があるという思い込みです。

多くの人は人生に行き詰まると、過去の思い出に浸って現在の辛さを忘れようとします。しかし、過去に生きることは人生全体にとってマイナスになりかねません。なぜなら、本当に大切な「今」に意識を向けることができなくなり、そのために物事がますます悪くなっているように思えて過去への執着がよりいっそう強くなるからです。

これは悪循環と言わざるを得ません。

過去はすでに本来の新鮮さを失っていることを認識しましょう。そうすることによって過去への執着を解き、自発的に今に生きて心の平和を得れば自分の人生を愛することができます。

思い出でできたガラクタ

使っていないのに手放したくないモノを所有していませんか？

もしそうなら、どういうことになるでしょうか？

当然、それにまつわる思い出の影響を受けることになります。

しかし、所詮、モノは物体にすぎません。毎日、大勢の人が低賃金で雇われて工場でロボットのように働き、同じモノを大量に生産して市場に送り出しているのです。

ところが、あなたはそういう物体を手に入れて思い出を美化し、それに執着しているのです。**だから、モノを捨てると、初めてそれを手に入れたときの喜びまで捨てることになるように感じてしまうのです。**

その思い込みは恐怖心に根ざしています。幸せがめったになく、もう二度とそんな喜びを経験することはないという思いから、モノに必死でしがみついて思い出を大切に保存しておこうとしているのです。

しかし、そういう行動はあなたの可能性を限定してしまいます。これから幸せを得る機会を失うことになりかねないからです。

もしモノが本当に喜びを与えてくれるなら、なぜあなたはもうそれを使っていないのでしょうか？

答えは簡単です。それがもう役に立たないことを心の奥底で知っているからです。

役に立たないモノにしがみついていることに気づけば、それを手放すきっかけになります。言い換えれば、**外面のガラクタの根源である内面のガラクタを処分するということです。ガラクタの根源を断ち切ってしまえば、外面のガラクタを処分することは容易になります。**

自分の思い出と正直に向き合ってください。思い出はもはや現実ではないという事実を認識しましょう。どんなに楽しかったことでも、それはもう終わったことです。思い出は実際の出来事の残像にすぎません。

しかも、ほとんどの人の記憶は不正確です。私たちは出来事や感情の一部しか覚えていません。実際に起こったことの一割程度でしょう。どんなことについても完全に覚えているわけではありません。一部が削除されていたり、ファンタジーの要素が付加されたりしているのが実情です。心は想像力に富んでいるため、客観性に欠けています。だからこそ、どの人も思い出について尋ねると奇妙な答え方をするのです。

もし思い出にすがって生きているなら、あなたはたいへん危うい土台の上にいます。思い出を追い求めると、「今」に意識を向けず、もう終わってしまった「過去」にしがみつくことになるからです。過去を美化することは、想像の中で生きることですから、現実とのギャップに苦しむことになります。

思い出にしがみつくために保管しているモノを手放しましょう。そうすれば、あなたは今の生活を楽しむことができます。

思い出を処分する

私に相談を依頼してきたあるご夫婦は、寝室の壁に多くの写真を飾っていました。どの写真もお子さんが幼かったころのものです。お子さんはすでに十代後半でしたが、その写真は一枚もありませんでした。それ以外にも亡くなった肉親や会っていない友人の写真がいっぱい飾ってありましたが、ご夫婦の写真は一枚もなかったのです。

このご夫婦が過去に囚われているのは明らかでした。過去を美化してあこがれるのは、物事が変わらない想像の世界に生きているふりをするのと同じです。それは簡単にできます。過去の感情を思い起こさせるモノを周囲に集めればいいだけだからです。

それはお酒に酔って現在の感情を覆い隠すのに似ています。そうやって現実から目をそらして自分をごまかしているのです。

もちろん、時おり過去の思い出に浸るのは悪いことではありません。しかし、それも程度問題で、思い出の中に閉じこもって現実から逃避すると、今ここに生きていることの喜びを得ることができなくなるのです。

刻々と移り変わる現実から目をそむけようとして、多くの人は向精神薬に救いを求めます。だから大量の抗うつ剤が処方されているのです。

思い出の中に閉じこもることは、一種の仮想現実の中で生きるようなものです。それで人生がよくなるのならいいのですが、現実はそういうわけにはいきません。

寝室に飾られた多くの写真を見て、私はご夫婦にこう言いました。

「昔の写真をいくらたくさん飾っても、それは過去の残像でしかありません。もしご夫婦が現実の世界で生き生きと暮らしたいなら、過去を思い起こさせるモノを寝室に飾るのをやめるべきです。これらの写真は壁から取り外しましょう」

写真をすべて取り外すと、空白の壁が現れました。まるで何年間も無駄話をしていた壁が、急に黙りこくったような印象を受けました。

ご夫婦は感慨深げに黙って壁を眺めていました。こんなに落ち着いた気持ちになったのは初めてのようで、畏敬の念すら抱いている様子です。

私が小さな声で「写真を元どおり壁に飾りましょうか？」と尋ねると、ご夫婦は即座に「いいえ」と答えました。

そしてその後、壁にペンキを塗ることに決めたのです。

一週間後に奥さんに電話をすると、「夫婦生活が飛躍的に改善された」と感激していました。「それまで夫婦仲があまりよくなかったのだが、今では仲むつまじく暮らしている」と言うのです。

このご夫婦はそれをきっかけに、生活の他の分野もスッキリさせてシンプルライフを目指すことに決めました。

夫はストレスのたまる広告会社の仕事を辞めて独立し、ずっとしたいと思っていた企業の環境保護活動のコンサルタントとしてフリーで働き始めました。

このご夫婦は過去に生きるのをやめて、喜びにあふれた現在に生きることにしたのです。

捨てるポイント

★自宅にある郷愁を誘うモノをリストアップする。写真、手紙、ビデオ、CD、カセットテープ、映画、衣装、トロフィー、新聞、本、雑誌、台所用品などなど。過去との強いつながりのあるすべての所有物だ。

★それらのモノを一カ所に集める。そして一つひとつを手にとり、どんな気持ちになるかを確認しながら、「これを保管することで人生をよりよくすることができるか、それとも愛情や喜びを得るうえで障害になるか、どちらだろうか?」と自分に問いかけてみる。自分をごまかさず、正直に答えること。

過去の喜びの思い出は、今すぐに実体験できる人生の喜びに比べれば微々たるものです。今この瞬間は新鮮で躍動感にあふれていますから、あなたが欲している生き生きとした喜びを与えてくれるでしょう。

過去に囚われて恋人を見つけられない歌姫

有名な歌手に自宅マンションのガラクタ処分を依頼されたことがあります。意志の強い女性でしたが、部屋の中は散らかっていました。最も特徴的だったのは寝室で、五十以上もの動物のぬいぐるみがベッドの上に整然と並べられていたのが印象に残っています。

「こんな動物園みたいな状態でどうやって寝るのですか？」と尋ねると、彼女は「就寝前に全部片づけて、朝になると元どおりに並べている」と答えました。さらに、それらが過去の恋人たちからもらったものであることを明かしました。恋人が来たときにプレゼントとしてベッドの上に置いたようです。

「現在、恋人はいるのですか？」と尋ねると、彼女は悲しそうに「いいえ」と答えました。

私が「そのぬいぐるみをすべて捨てれば、きっと新しい恋人が見つかりますよ」と言うと、彼女は信じられない様子でした。

私はこう説明しました。

「動物のぬいぐるみと接しているときに過去の恋人たちを思い出していますね。たしかにそのときは孤独を感じないでしょうが、結果的に孤独感を募らせることになっていますよ。なぜなら、過去の恋人たちを思い出して一人でベッドの中に入るからです」

彼女は黙っていましたが、悲しそうな表情で私の指摘にうなずきました。

そこで私はこう言いました。

「ぬいぐるみをすべて処分すれば気分がよくなりますよ。そうすれば、新しいチャンスが訪れます。すべて慈善団体に寄付しましょう。きっと多くの子どもが喜んでくれますから」と付け加えました。

彼女は私の提案に賛成しました。

私がぬいぐるみをすべて袋の中に入れて部屋の外に出すと、彼女はホッとしたような表情を見せました。

過去の思い出と一緒に生きようとすると、それが心の平和を得るための空間を占拠することになります。そういう状態に慣れてしまうと、それが正常なことのように思えてきますが、決してそうではありません。ガラクタを処分すれば、しばらく忘れていた心の平和を取り戻すことができます。

過去の恋人たちを思い出させる記念品を処分することで、この女性は精神的にスッキリするきっかけをつかみました。ぬいぐるみを処分したとき、クロゼットにある古い服もついでに処分し始めたのです。孤独を感じて悲しかったときに服をいっぱい買い込んだそうです。

今まで彼女は幸せを求めて、「いろんなモノを買えば気分がスッキリします」という広告の宣伝文句に踊らされてきました。しかし、気分がふさいでいるときは明晰な思考ができないので、必要のないモノや好きではないモノまで買ってしまいがちです。

ガラクタを処分すると身も心も軽くなります。逆に言うと、ガラクタがその人の精神だけでなく肉体にまで悪影響を及ぼしているということです。人間は精神的に重荷を感じると、肉体的にも重荷を感じるものなのです。

人生の中で変化を絶えず起こせば、心が軽くなってウキウキします。当然、まわりの人もそれに気づいて快適さを感じます。

服の山に囲まれて生きていた人

過去に囚われているもう一人の女性の例を紹介しましょう。彼女は「服がいっぱい溜まって困っているので助けてほしい」と私に電話をしてきました。聞くところでは、あまりにも多くの服で身動きがとれない様子でした。

後日、自宅マンションに伺うと、いたるところに服が散乱していました。服をハンガーに掛けるとかドレッサーにしまうというのではなく、あたり一面にだらしなく置いてあるだけで、本棚にも服が載っかっていました。これはなんらかの気持ちを覆い隠すときによく見られる現象です。

「いつからこんな状態なのですか？」と尋ねると、「十年前」という答えが返ってきました。

まるで彼女の自宅はまゆのような状態で、彼女はその中に閉じこもり、いつか蝶になろうとしているようでした。しかし、彼女はすでに蝶だったのです。ただ、彼女は自分をそのようにみなしていませんでした。

クロゼットの前には服の山ができていて、引き出しが開かなくなっていました。「クロゼットの中には何があるのですか？」と尋ねると、彼女は「いろんな服」と答えましたが、どんな服かは思い出せないようでした。

服はさらにベッドの上を覆っていました。「こんな状態でどうやって寝ているのですか？」と尋ねると、彼女は「服をベッドの隅に移動して体をひねって寝る」と答えました。部屋の中央にはアイロン台がありましたが、それもまた服の山で覆われていました。アイロンをあてるのが大嫌いだそうで、服をたたまなければアイロンをあてる必要はないと思って服を散らかしていたのです。

いらない服を捨てるように提案すると、彼女はそれに反対し、「服を整理整頓しさえすればいいわ」などと言い出す始末です。そこで私は「ガラクタが溜まって生活に支障をきたしていますよ」と説明しました。さらに、「待てば待つほどガラクタが溜まって、部屋の中がますます歩きづらくなります。快適な生活を実現するのをお手伝いしましょう」と言うと、彼女はようやく賛成しました。

早速、クロゼットの中に溜まっている服の処分から始めました。一点ずつ服を手に持ち、彼女に次のように質問したのです。

・この服を最後に着たのはいつですか？
・まだこの服が好きですか？
・この服はあなたのライフスタイルに合っていますか？
・今日、買い物に出かけたら、この服を買いますか？
・この服を着ると快適ですか？
・この服を着ると自分が魅力的に感じますか？
・サイズはまだぴったり合っていますか？
・着ないのなら捨てましょうか？

彼女が「この服は流行っているから捨てられない」と反論したときは、私は「本当に好きですか？」と質問しました。

どんなモノであれ、捨てるべきか保管すべきかで迷ったら、次の三つの質問を自分に投げかけてください。

- **それがあることで快適さを感じるか？**
- **それは生活を向上させてくれるか？**
- **思い出を美化するために、それにしがみついているのではないか？**

住居は博物館ではありません。それは生き生きと生活する場なのです。

私がそう力説すると、彼女は理解して、散らかっていた服を次々と処分しました。表情を見ると、とてもスッキリした様子でした。彼女はよりよい習慣に目覚めて、その恩恵を受け始めたのです。

次に、衣類収納部屋のガラクタを処分することにしました。部屋の前にできている服の山を通り越えてドアの鍵を開けると、そこは衣類の墓場のようでした。ドアのちょうつがいは壊れていて、部屋の中はかびくさいにおいがしました。

中に何があるのか、彼女は立ちすくみました。

結局、中にあったのはたくさんの服でした。彼女は「それらの服には五年間付き合った恋人との思い出が詰まっている」と言いました。不幸な結末を迎えたらしく、恋人との別れを打ち明ける様子には彼女の心の奥底にある傷を感じました。しかし、彼女はまだその思い出を大切にしている様子で、当時を懐かしんでいました。つまり、その部屋は、破綻した二人の関係が埋葬された墓場だったのです。彼女はその部屋に鍵をかけていましたが、恋人との悲しい別れは何年も彼女を悩ませていました。

　私は彼女にこう言いました。

「あなたは自分の気持ちを覆い隠すためにクロゼットの前に服の山をつくっていたのです。しかし結局、そのガラクタは自宅をすべて覆い隠すくらい大きくなってしまいました」

　自分の気持ちを覆い隠すときに注意すべきなのは、一カ所でそれをしているつもりでも、やがてあらゆる場所に広がってしまうということです。

　過去に失ったことがどれだけ惜しくても、過去は戻ってこないことを受け入れたほうが得策です。変化を起こしましょう。**過去を思い出させるモノを捨てることができるのは、あなただけです。**いらないモノを捨てて生活に新しさを取り入れれば、自由と心の平和を得ることができます。

　彼女は涙を流しました。私は彼女の心の中のガラクタが浄化され、顔が明るくなるのを感じました。彼女は深呼吸をして私と一緒にさらに多くのモノを捨てたのです。いらない服は慈善団体に寄付し、着ている服はハンガーに掛けてクロゼットの中にしまいました。彼女の自宅はスッキリして平和な状態になりました。

服は過去のさまざまな感情を表現しています。もし着ていない服をたくさん保管しているなら、あなたの衣類収納部屋は過去の思い出が詰まった写真集のようになっています。追憶が役に立つことはめったにありません。たしかに現在の苦しい状況を和らげてくれるかもしれませんが、過去を解き放つ妨げになるのです。それはあなたのためにはなりません。むしろ、過去のほうが今よりもよいという思いに囚われる結果になります。

それに、あなたが保存しようとしている過去の瞬間は、そんなにすばらしくはなかったのかもしれません。**今、その瞬間を振り返って美化していますが、そのころだって、あなたはそれよりもさらに前のことを美化して追憶していたのかもしれないのですから。**

捨てるポイント

★自分の服をすべて別の部屋に移動し、洋服屋の仕入れ担当者になったつもりで一点ずつ服を調べる。かぎられた時間内で要・不要を素早く識別する。

★いらない服は思い切って捨てよう。自分の服なのだから、他人が傷つくわけではない。ただし、いる服まで捨ててしまうと自分が傷つくので、その点は注意が必要。

★作業が終わったら、必要な服をハンガーに掛けてクロゼットに入れるか、きれいにたたんで引き出しにしまうこと。

恋人からのメールを溜め込んでいた女性

あるお客さんは、先に紹介した歌姫と同じように心のガラクタを抱えて苦しんでいました。しかし、この女性のガラクタは目につかない場所に隠されていたのです。「人生で一番欲しいものは何ですか?」と尋ねると、彼女は「すばらしい恋人が欲しい」と答えました。さらに、「私は異性とすばらしい関係を築いたことは一度もない。過去のどの恋愛も悲惨な結末を迎えた」と嘆いていました。

彼女の最後の恋人とは長距離恋愛で、相手はイタリアに住んでいたそうです。彼女はうつろな目をして、弱々しい声で過去の経験を語りながら、精神的なガラクタであふれた幻想の世界にタイムスリップしました。そのガラクタは床やクロゼットではなく彼女の心の中に存在していたのです。

「彼からのラブレターは保管しているのですか？」と尋ねると、彼女は「いいえ」と答えました。「ではメールは？」と尋ねると、彼女は重苦しい表情で「まだ削除していません」と答えたのです。「それを見せてください」と言うと、彼女はパソコンを立ち上げて、彼から届いた五百通以上のメールを見せてくれました。

そのときの彼女の表情を見ると、心の痛みを再び経験しているようで、深いため息とともに目に涙が浮かんでいました。これは心の中にガラクタを溜め込んでいる証しです。

彼女は彼とは二年間も連絡をとっていませんでしたし、よりを戻そうとも思っていませんでした。そこで私は「それなら、こんな思い出を再現するのは気分が悪くなるだけですね。もう終わったことですから忘れましょう」と言うと、彼女はうなずきながら涙を流しました。

私が「彼からのメールはすべて削除しましょう」と言うと、彼女は「削除してもいいのですか？」と言うので、私はこう言いました。

「それはあなた次第です。いつまでもこんなふうに過去の苦しい思い出にしがみついていると、せっかくの人生が台無しになりますよ。もう過去とは決別しましょう。あなたは精神的に充実した人生を送る価値があるのですから」

彼女は黙ったまま、「すべて選択」をクリックして彼からのメールを削除しました。

彼女は深呼吸をして爽快な気分になっていました。精神的なガラクタは心に重くのしかかるものです。そこでそれを消し去ると、心が軽くなります。

私が「これからは自分を大切にしてください。それはあなたの責任です。過去の思い出にしがみつかないで、明るい未来を切り開くようにしてください」と言うと、彼女はうなずいていました。

捨てるポイント

★心の中で自宅の様子を見渡そう。現在の目標の妨げになる過去の遺物にしがみついていないか？

★高校スポーツ界のスター選手だった人が過去の栄光に浸るばかりで、今はとくに何もしていない姿を思い浮かべてほしい。その人は気分をよくさせてくれる思い出にしがみついているのだ。しかし、現在の活動についても同じ気持ちになれるなら、どんなにすばらしいだろう。過去の特別な瞬間に浸るのをやめて、これから経験できるすばらしいことを想像しよう。過去を解き放てば、それは可能になる。

★古いモノを捨てれば、新しい栄光が訪れる余地ができる。

写真という名のガラクタ

あるお客さんの自宅のガラクタ処分を手伝っていたとき、ガラクタを溜め込んでいる家にありがちなことに気づきました。数百枚の写真がアルバムに保存されることなく、棚や靴箱の上に散乱しているのです。その大半が、写真屋で現像してもらって袋に入ったままになっています。その人たちに「最後にその写真を見たのはいつですか？」と尋ねると、「写真屋から持ち帰った日」と答えるケースがほとんどです。どのお客さんも「アルバムに飾って写真を保存しておきたいという気持ちはあるのだが、いつの間にか何年も過ぎ去ってしまった」と言います。

写真は紙のものにかぎりません。多くのお客さんはデジタルカメラで数百枚、ときには数千枚も写真を撮り、パソコンのハードディスクに保存しています。デジタル写真を保存するために外付けハードディスクを使う人もいるほどです。保存している写真があまりにも多いので、どのお客さんも「探している写真がなかなか見つからない」と言います。デジタル写真が場所をとらないからといって、それがガラクタではないというわけではありません。

写真も結構なのですが、これからすばらしい瞬間をいくらでも経験しようという期待を持ちながら生活したほうがいいのではないでしょうか。そうすれば、五感をフルに活用して立体的なスナップショットを絶えず楽しむことができます。

それとは対照的に、**特定の瞬間を「すばらしいもの」として指定すると、心の中でそれにしがみついてしまうのです。**その結果、それに注意を向けて、今この瞬間のすばらしさを楽しめなくなります。

私は彼女と写真を一枚ずつ検証しました。感動的な写真だけを保存するよう指示し、その後で一緒に文具店に行ってフォトアルバムとカラフルなマジックペンを買いました。

戻ってくると、私は彼女に写真をアルバムに貼るよう言いました。すると彼女はペンを手に持ち、それぞれの写真の下に愉快なコメントを書き、さらに、夫と一緒にグランドキャニオンで飛び上がって喜んでいる写真を表紙に貼りつけたのです。

作業が終了すると、表紙が見える状態でアルバムを本棚に戻すよう彼女に指示しました。自分の創造性を思い起こしてもらうためです。彼女は古い思い出をもとに美を創造したことをとても誇らしく思っていました。

「過去に生きる」のと「思い出を大切にする」のとは違う

私はもはや写真を撮りません。楽しい時間を過ごしているときに、その瞬間をとらえるためにカメラを取り出していると、その瞬間を逃してしまうことに気づいたからです。後で写真を見ると希薄というか断片的というか、実際の経験のほうがはるかにすばらしいことがわかりました。そんなことから、私はあらゆる瞬間を貴重なものとして経験するほうが充実感につながると考えています。

ある友人が自分の結婚式の経験を話してくれました。彼女は写真家に頼んで写真撮影をやめてもらったそうです。なぜなら、写真を撮るたびに会話を中断してポーズをとらなければならないからです。

彼女は写真家にこう言いました。

「人生の最高の日の感動が薄らぐので写真を撮るのは勘弁してほしい。結婚式の写真はべつになくてもかまわないわ。私はポーズをとりに来たのではなく、自分の結婚式を存分に楽しみに来たのよ」

もちろん、写真が心の安らぎになることもありますし、それを見て元気がわいてくることもあります。たとえば近親者が亡くなったときがそうです。

ある人はこう言いました。

「私は亡き父の写真を書斎に置いています。そうすることで父といつも一緒にいられるように感じて心が安らぐのです。とはいえ過去に生きているのではなく、父の思い出を大切にしているのです。この二つはまったく違います。父はいつまでも私の一部ですから、永久に私の心の支えなのです」

あなたが写真にこだわるのは、過去に生きるためか、思い出を大切にするためか、どちらですか？

この二つを区別するようにしてください。

母親の支配下で生きる女性

人生に強い不満を持っていたお客さんがいました。知的できれいな若い女性で、多くの能力を秘めていましたが、人生に対する情熱を持っていなかったのです。悲しみすら感じているようでした。

彼女のマンションを見て回ったとき、ベッドがたいへん気になりました。子ども用の小さいベッドで、周囲にはガラクタが散乱していたのです。厚紙の箱、プラスチック製の収納ボックスのほかに、クロゼットや引き出しに入りきれない服があり、まるで濃い霧に包まれた古い城のようでした。

私はすぐにガラクタ処分を開始しましたが、残念なことに彼女は数分後に意欲を失ってしまいました。不思議に思って質問すると、彼女の思考と行動は母親に支配されていることがわかったのです。母親は東海岸に住んでいましたから、距離的には遠く離れていました。しかし、母親は娘の人生に深くかかわり続けていたのです。

「お母さんに対して自己主張をしたことがありますか？」と尋ねると、彼女は「そんなことは怖くてできない」と答えました。そこで私はこう言ったのです。

「自分の気持ちを大切にしてください。母親への依存をやめないかぎり、自由も自信も手に入れることはできませんよ。そういう消極的な姿勢こそが、人生に対する情熱を失う原因になっているのです」

「このベッドは子どものころに使っていたのと同じベッドですね？」と尋ねると、彼女はうなずきました。

そこで私はきっぱりと言いました。

「親は保護者としての役割を演じようとするあまり、子離れができなくなることがよくあります。親にとって、それは精神的なガラクタです。

あなたにしても、母親にいつまでも子どものように扱われているかぎり大人になることはできません。結局、お二人とも偽りの人生を送ることになり、誰の得にもなりません。

人生の主導権を握らないかぎり、あなたは潜在能力を生かすことはできないでしょう。

とはいえ、母親を恨んだり無視したりしてはいけませんよ。自分の人生は自分で決めることを母親に知らせて成熟した親子関係を築くようにしたほうがいいと思います」

彼女が納得してくれている様子なので、私は「ではこの部屋をスッキリさせましょう」と言いました。

箱の中には、少女時代の思い出の品がいっぱい詰まっていました。バービー人形や日記、十代の女性向け雑誌、幼いころの服など。まるで思春期前の様相を呈していました。日記以外のモノをすべて慈善団体に寄付することを提案すると、彼女は同意しました。

彼女が日記を捨てるのを見たとき、私は先ほどの言葉を受け入れてもらえたことを感じました。彼女の不安に満ちた依存心は消え去り、大人としての雰囲気に変わりました。声の調子も力強くなっていました。

私たちはベッドを処分することで意見が一致し、周囲に散乱している箱と一緒に部屋の外に移動させました。寝室に戻ってきたとき、そこには何も残っていませんでした。

私は「さあ、これでスッキリしました。これからあなたの新しい人生が始まりますよ」と言い、思い出のコレクションを慈善団体に寄付しました。

翌日、彼女に電話をすると、前日に別れた直後、新しい大きなベッドを購入して即日配達してもらったとのことです。私はそれを聞いて、「あなたのような女性にはそれがふさわしいベッドだと思います」と言いました。「よく眠れましたか？」と尋ねると、「それまでは朝起きるとぐったり疲れていたのが、昨夜はぐっすり休むことができた」と喜んでいました。

捨てるポイント

★新聞記者になったつもりで自宅の様子を報告してみよう。客観的に見て真実を書き、それを声に出して読んでみる。真実を語ると、すばらしい変化が起きるものだ。

第 5 章

捨てれば
スッキリする

ガラクタが溜まるとマイナスの
エネルギーが発生します。
それは平和な雰囲気を台無しにし、
不快感の原因になるのです。
ガラクタを排除すれば、
平和が戻って爽快感が得られます。

スッキリした空間で暮らしていない人がたいへん多いのが現状です。自分では物事をあるがままに見ていると思っているかもしれませんが、私たちのビジョンは恐怖にもとづき、幻想で曇っています。このように表面が厚く覆われているために、物事をあるがままに見ることがたいへん困難になっているのです。

あなたの行動は、モノを失うことへの恐怖に由来しているのかもしれません。そこで次々とモノを手に入れて、その恐怖を覆い隠しているのです。ところが、そうすることによって安心を得るどころか、ビジョンがますます曇り、さらに強い恐怖に襲われることになります。

ガラクタを捨てれば、スッキリした生活を送ることができます。しがみついているモノが少なければ少ないほど、あなたの生活は有意義になるのです。身のまわりの不要なモノを手放せば、視界が開けて生活全体が見えてきます。その結果、自分の生き方、付き合っている人、時間の過ごし方、抱いている信念の中で不要なものがわかってきます。

寝室の状態で夫婦の仲がわかる

ある女性が自宅のガラクタ処分のために相談に来ました。夫が仕事で外出中だったので、彼女は気兼ねなく本音を言いました。結婚して二十五年もたつけれど、いつも喧嘩ばかりしているので離婚を考えているというのです。

私はそれを聞いてすぐに「寝室を点検しましょう」と言いました。寝室は夫婦生活の健全さを測るバロメーターだからです。案の定、そこはガラクタだらけでした。

まず気づいたのは、ドレッサーの上に大型テレビが不安定な状態で載っていたことです。まるで怪獣が就寝中の夫婦をにらんでいるようでした。

テレビは人々を異空間へといざないますから、周囲の人との会話の必要性がなくなってしまいます。そんなわけで、テレビが夫婦の寝室にあると、配偶者との仲が疎遠になりやすいのです。仲のよい夫婦なら一緒にベッドで横になって親密な会話をしながら愛を深めることができますが、テレビをつけると夫婦のつながりが希薄になりかねません。

私はテレビを寝室の外に出すことを提案し、彼女はそれに同意しました。ところが少しして彼女は夫の反応を恐れ、テレビを元の場所に戻すと言い出したのです。

テレビはドレッサーの上に戻りましたが、彼女はそれを見て悲しそうな表情をしました。

私は不思議に思って「なぜテレビをドレッサーの上に戻したいと言ったのですか？」と質

問すると、彼女は「夫に意思決定を任せているので、自分勝手なことをするといけないから」と言うのです。彼女は夫に自分の意見を言うことを恐れていました。夫婦のコミュニケーションが欠如している証しです。

この例からわかるように、ガラクタは夫婦間のコミュニケーションの障害になるおそれがあるのです。

彼女の夫に対する接し方を見て、おそらく子どものころの父親に対する接し方と同じだと直感しました。お客さんのガラクタ処分を手伝っていると、過去のわだかまりを現在に投影しているのを発見することがよくあるからです。父親との関係を質問すると、彼女はうつむいて黙り込みました。そして口を開くと、自分の思いを父親に伝えることができず、父親の命令に絶対服従していたことを打ち明けたのです。

私は彼女に対し、夫は父親とは違うことと、もう大人の女性なのだから自分で意思決定ができることを話しました。しかし、彼女はそれを理解できずにいたので、私はこんな指導をしました。

まず目を閉じて父親の姿を想像し、次に父親と夫の姿を重ね合わせて、その二人が同一人物であるかのように重なっているイメージを想像するよう指導したのです。そして、そこに問題の核心があることを指摘し、両者を心の中で引き離すように言い、夜、父親が月にいて、夫がベッドの隣で横になっている姿をイメージさせたのです。

「お父さんとご主人はまったく別人ですよ。それに気づけば、夫婦生活はきっとうまくいきます」と言うと、彼女はわだかまりが解けた様子で顔に笑みを浮かべました。

彼女は「一緒にテレビを寝室の外に出してほしい」と言いました。

捨てるポイント

★寝室の床に静かに座り、少し部屋を見渡しながら、どんな状態がふさわしいかを考える。「休養と心の平和のために寝室はどうあるべきか？」と自分に問いかける。
★次に、休養と心の平和を乱しているのは何かを考える。「場違いなモノは何か？」「落ち着かない原因は何か？」と自分に問いかけ、その原因となっているモノをすぐに寝室の外に出す。
★寝室に戻り、座って違いを実感する。
★再度、寝室を点検し、「ほかに排除すべきモノは何か？」と自分に問いかける。

ベッドの下にモノを置いてはいけない

先ほどのお客さんの話を続けましょう。次に点検したのは夫婦のベッドの下でした。やはり、そこにはガラクタがいっぱい溜まっていて、空きスペースはありませんでした。

夫婦のベッドは平和で神聖な場所でなければなりません。そういう場所でこそ親密さが育まれるのです。ガラクタは親密さを阻みます。

私は彼女に言いました。

「ベッドの下に溜まっているモノは、マイナスのエネルギーを発します。たとえベッドの下のモノが見えなくても、その存在は感じるでしょう。キッチンでパスタを料理すれば、リビングルームにまでにおいが伝わるのと同じ理屈です。処分したくないモノをベッドの下に隠していると、たとえそれが見えなくても周囲の人に悪影響を及ぼしますよ」

これは独身者にもあてはまります。ほとんどの人がベッドの下にガラクタを隠しているのが実情です。こうして溜め込んだモノは生活に支障をきたすおそれがあります。なぜなら、ガラクタは平和で静かであるべき聖域を侵害しているからです。

ベッドの下にガラクタを溜め込んでいると、漠然とした不安や寝つきの悪さとなって表れることがあり、さらに具合の悪いことに、八時間か九時間の睡眠の後でも寝不足のように感じることがあります。

このお客さんの場合、夫婦のベッドの下にあまりにも多くのガラクタがあり、引っ張り出すのが困難なほどでした。目詰まりした排水管に手を突っ込んでいるような感じがしたほどです。

やっとのことでスキーのジャケットを引っ張り出し、さらに何かの箱と書類が入ったプラスチックのコンテナが出てきました。最終的に数十個のモノが出てきて、それをすべてベッドの前に並べました。もしそれを自分で引っ張り出したのでなければ、ベッドの下にこんなにたくさんのモノを置けるなんて信じられなかったと思います。まるで奇術師のトリックのように感じました。

彼女はあっけにとられたような顔をしていました。「床にひざまずいて、ベッドの下にできた空きスペースを見てください」と言うと、彼女はそのとおりにし、深く感動していました。

空きスペースがあることは爽快で、気持ちが落ち着き、心の中が平和になります。それに対し、身のまわりの空間にモノを溜め込むと不安が募り、不快な気分になるのです。

私は彼女にこう言いました。

「あなたの未来は可能性で満ちています。これまでずっと見えない壁にぶち当たりながら前に進もうとしていたのですが、その壁はもうなくなりました」

私は彼女が安堵の表情を浮かべたのを見て、話を続けました。

「その壁を構成していた数々のモノはガラクタですから価値がありません。あなたはそのために気持ちを集中できず、それが事態を悪化させていたのです」

彼女はうなずきながら、「寝室の中にそよ風が吹いているように感じる」と言いました。その日は無風状態でしたから、部屋の中に風が入ってきたのではありません。「それは部屋の中に流れが戻ってきた証しですよ」と指摘すると、彼女はほほえみました。

このように、ガラクタを片づけてスッキリすると喜びが生まれるのです。

さらに、私は彼女と一緒に床に置いてあるモノの整理に取りかかりました。親戚からもらった贈り物の中には彼女の気に入らないものもありましたが、彼女は捨てると申し訳ないと思って処分するのをためらい、ベッドの下に隠して見えないようにしていたのです。

ちょうど、何かを帽子の下に隠して「これで見えなくなったから、どこかへ行った」と思い込むようなものです。しかし、それは頭の上に重くのしかかっているままです。

もらった贈り物が気に入らなければ、「お気持ちは嬉しいですが、私には必要ありません」と言って送り返すか、それを必要としている人にゆずるといいでしょう。彼女はベッドの下から見つかったモノをすべて慈善団体に寄付しました。

さらに、ベッドの下には財務書類もたくさん見つかりました。一般に、離婚の主な原因のひとつは経済的なストレスです。財務書類は夫婦の頭痛の種だった不動産に関するものでした。私は彼女に損を覚悟して売却するよう夫に提案するように言いました。そうすることで、不動産よりも夫婦関係のほうがはるかに有意義であることの証しになると考えたからです。

こうして大半をゴミ箱に捨てることができ、ベッドの下には何も戻しませんでした。

捨てるポイント

★ベッドの下にあるモノをすべて「ガラクタ候補」とみなす。懐中電灯とゴミ袋を持って寝室に行き、発掘調査を開始しよう。安全対策としてヘルメットをかぶるといい。

★床にひざまずいて、ベッドの下にあるモノをすべて取り出してゴミ袋に入れ、別の部屋に行って中身を床に並べる。寝室からガラクタを排除するのはとても重要なことだ。別の部屋の中でガラクタ候補を吟味することによって、その価値を簡単に見極めることができる。ガラクタ処分をするときは中立性が欠かせない。

★ベッドの下にあるモノはあまり見たくないモノだから、それを目の当たりにすることは貴重な経験であることを肝に銘じる。

★すべてのモノを厳しい目で鑑定する。その大半が捨ててもいいといっても過言ではない。この機会にすべて鑑定しよう。

★今後、ベッドの下には何も置かないことを誓う。

寝室の散らかり具合は、心の中の混乱を映し出している

先の夫婦の寝室の話に戻しましょう。この夫婦はそれぞれベッドの横に小型の机を持っていて、どちらの机の上もモノであふれ返っていました。数冊の本だけでなく、キャンディーやペン、小銭、雑誌、音楽のCD、走り書きをした数枚のメモ、ダイレクトメールな

どが無造作に置かれていたのです。さらに床にもモノがいっぱいありました。この散らかり方は、この夫婦の精神状態の表れです。

もしあなたが結婚していて、寝室にこんなに多くのガラクタがあるなら、夫婦は別々に寝ているようなものです。なぜなら、寝室が散らかっていると相手の存在に意識を集中できず、夫婦のコミュニケーションがうまくいかないからです。

たとえ結婚していなくても、寝室にあるガラクタのために精神的に混乱し、ベッドの中でぐっすり眠れなくなります。寝室は安らぎの場所であり、ガラクタがあってはいけないのです。

私は彼女に対し、「世の中には楽しいモノがいっぱいありますが、それをすべて取り込もうとすると精神的に混乱するだけです。そんな状態では、自分の気持ちすらわからなくなってしまいますよ」と言いました。さらに、「夫婦でベッドの横にモノを溜め込んでいますから、注意が散漫になって相手に意識を向けることができなくなっています」と付け加えました。すると彼女は、「これだけ散らかっていると、どこから手をつけていいかわからない」と答えたのです。

私はそれを聞いて彼女の机の上のモノをすべて床に落としました。彼女は私の大胆な行動が信じられない様子でしたが、私はこう警告しました。

「就寝前にスッキリした空間をつくる必要があります。そうしなければ、毎晩、こんなガラクタに囲まれて寝ることになりますよ。さあ、平和な静けさを取り戻しましょう」

私は彼女と一緒に床に座り、ガラクタを指さしてこう言いました。

「これがあなたの心の中で起きている事態です。いつも心の中がこんなガラクタだらけで正常な判断ができると思いますか？」

それを聞いた彼女はやる気になり、ガラクタを捨てる心の準備ができたようでした。

まず、彼女は雑誌を読んでいないことを認め、すべて捨てました。私がガラクタ処分のお手伝いをする人の大半は、雑誌とカタログを大量に溜め込んでいます。どの人もそれに目を通さなければならないと感じているのですが、その時間がないと言います。

しかし、たいていの場合、雑誌は企業が広告を掲載するための媒体です（実際、雑誌は広告収入に大きく依存しています）。雑誌をぱらぱらめくっていると、広告のメッセージが潜在意識に刷り込まれます。それはウイルスのようなものです。それに侵されると、すぐにもっと多くのモノが必要だと感じるようになります。

雑誌の定期購読をやめましょう。これ以上多くのガラクタで部屋の中をいっぱいにすることはありません。あなたがこの本を読んでいるのは、ガラクタの収集にうんざりしているからです。

私は彼女に「雑誌を処分して、ベッドの横の机には一冊の本だけを置いておくほうが集中できます。何冊も並べると集中が乱れるだけですよ」と言いました。彼女はその意見に賛同し、残りの本を書斎に置きました。その際、雑誌だけでなく、手紙とダイレクトメールもすべて処分しました。

作業を終えたとき、夫婦のベッドの周囲はスッキリしました。彼女の表情を見たとき、満面に笑みを浮かべていたのが印象的でした。

ガラクタを処分すると、物理的にも精神的にも変化が起こります。不要なモノを捨てるというのは、それくらい大きな効果があるのです。

捨てるポイント

★この本を置いてベッドの横の机に行く。

★その机の上にあるモノを寝室の外に出す。
★そのモノを別の部屋で検証する。あなたは今までそれと一緒に寝ていた。それは大切かもしれないが、ベッドの横に置くべきではない。
★捨てるかどうかを判断する。一つひとつを検証し、ガラクタだと思ったらゴミ箱に捨てる。
★価値のあるモノだけを残し、それが役割を果たす場所に配置する。ベッドの横はスッキリさせておかなければならない。

子どもたちのガラクタで生き埋めになりそうな女性

電話の向こうから弱々しくておびえるような声が聞こえてきました。「助けてください。家の中のガラクタのために生き埋めになりそうです。すぐに来てもらえませんか?」と言うのです。まるで井戸にはまって助けを求めているように聞こえました。実際、多くのお客さんがすがるような思いで私に電話してきます。

早速、ハリウッドの高級住宅地にある彼女の豪邸に直行しました。外から見ると立派な家の中は、ガラクタだらけで息が詰まりそうでした。家の前に車を止めたとき、ガレージにモノがあふれているために三台の車が玄関前に止めてあるのを見ていましたが、その瞬間に予想したとおりです。

彼女の顔つきを見ると、しばらくぐっすり寝ていないようで、なんだか落ち着かない様子でした。私を見てすぐに「ガラクタ処分をすべて任せる」と言いました。切羽詰まっている人のお手伝いをするのは気分がいいものです。なぜなら、それまで生活がうまくいっていなかっただけに、変化を受け入れる準備ができているからです。

私はいつものように家の中をひととおり拝見しました。これは全体像を把握してガラクタの根本原因を突き止めるのに役立ちます。それができれば、ガラクタの残りはすぐに消えるのです。

彼女の場合、根本原因は仕事場でした。それは小さな部屋でしたが、大きなベッドが空間の大部分を占有し、隅っこにある机の上はモノがあふれ返り、テレビが邪魔をしてドアがなかなか開かず、部屋に入るのに苦労しました。さらに、子どもたちのビデオゲームが床とベッドに散乱しているありさまです。

彼女の生活がどうしようもない状態であることは明らかでした。私は、もし彼女が仕事場の片づけをすれば家の残りの場所もスッキリすると確信し、仕事場にある大きなベッドを処分すべきだと指摘しました。さらに「ベッドは寝るための設備ですから、仕事場にはふさわしくありません」と断言すると、彼女はとても嬉しそうでした。自分でもそう感じていたのに、何もしていなかったことの証しです。

このパターンは多くのお客さんに共通しています。どうすればいいかはわかっているのですが、それを指摘されるまで何もできずにいるのです。

私は彼女と一緒にベッドを家の外に出して路肩にまで運びました。さらに、テレビを仕事場から出し、子どもを仕事場に出入りさせないように指示すると、彼女は「毎日、子どもたちが仕事場に来てテレビでゲームをするのが習慣になっているので、それは聞き入れてくれそうにない」と言いました。そこで私は、「子どもたちに毅然とした態度をとらないと、いつまでたってもこんな乱れた状態が続き、結局、家庭での生活全体に支障をきたしますよ」と警告したのです。

母親がしっかりしていれば、家族は繁栄します。私がそう熱弁をふるうと、彼女はようやく同意し、私と一緒にテレビを仕事場の外に出しました。子どもたちの不満そうな顔を見て落胆していましたが、私は彼女を外に連れ出して「ここであなたが毅然とした態度をとれば、家族全員が恩恵を得ますよ」と言いました。

彼女は子どもたちの前に戻って、「この部屋は私の仕事場なので、今後、遊びに来ないように」ときっぱり言いました。子どもたちは驚いていましたが、母親の決定に従いました。

彼女はたちまち劇的な変身を遂げました。ほんのいくつかのことを変えるだけで大きな収穫を得たのです。彼女はモノに押しつぶされそうになる状況を改善し、生活の主導権を取り戻しました。表情を見ると、不安そうな様子は完全に消えて心の平和が見てとれました。彼女は決意を固め、自宅の残りの部分のガラクタをすべて処分しました。

彼女の例を参考にして、あなたも不要なモノを捨てて自分の空間を取り戻しましょう。辛抱強く時間をかけて作業をしましょう。自分にとって最もなじみ深い場所を見極め、そこに溜まっているガラクタとの心理的なつながりを断ち切りましょう。そうすれば、モノに圧倒される生活に終止符を打ち、現代人にありがちな不安とストレスから解放され、スッキリした気分で生きていくことができます。

捨てるポイント

★家の中をざっと見て回る。

★小さなメモ帳とペンを持ち、まるで不動産業者に連れられて家具付きの家を見学しているかのように自分の家を見て回る。あなたはその家を購入すべきかどうか検討している。あなたのセンサーには異常を感知する機能が備わっていて、特定の部屋に行くとセンサーが異常を知らせる。それはガラクタの証しである。

★なんらかのモノがあなたの注意を引きつけていないかどうか、場違いなモノが存在しないかどうか気をつける。

★メモ帳にそれを記入し、家全体を見終わったら、そのガラクタを処分する。

この作業の恩恵は絶大です。私の経験では、ほとんどの人の家の中の75パーセントがガラクタです。ガラクタの処分をするときは、それを念頭に置いておくといいでしょう。

自分がお手本を示せば、周囲の人も変わる

あるお客さんは十代の娘を持つシングルマザーでした。ご自宅に伺うと、ガラクタが山のように積み上がっていました。寝室に服やその他のモノがあふれ返っているのを見て、「よくこんな環境で寝られるなあ」と感心したのを覚えています。

一方、娘さんもガラクタを保管する習慣を持っていて、部屋は雑多なガラクタを寄せ集めたジャングルのような様相を呈していました。壁には数百枚の写真が張られ、幼少期から現在にいたるまでの「重要」な瞬間が羅列されていました。まるで主人公の生涯を紹介する映画のワンシーンのようでした。

クロゼットの中は服がいっぱいで、一部が床にはみ出していました。しかし、娘さんはガラクタ処分には興味がなく、私の申し出を断ったのです。

そこで私は母親と相談し、とにかく母親のクロゼットのガラクタ処分を開始しました。母親はいらない服を捨てながら、「この数年間、娘に自分の部屋を片づけなさいと命令してきたのに、いっこうに行動を起こしてくれない」と愚痴をこぼしました。

私が「お母さんの部屋がこんな具合ですから、それは自分に言うべきことですね」と言うと、母親はため息をつき、「私が娘に悪い見本を示してきたのですね」と笑いました。

私は「お母さんが娘に強く当たるのは、自分に対するいらだちからです。お母さんが自分の部屋のガラクタを処分すれば、優しい気持ちになって快適に暮らせますよ」と言いました。

驚いたことに、母親がガラクタを処分すると、娘さんも自分の部屋に行って自発的にガラクタを処分し始めました。そして約二時間後、娘さんは自分の服を三つのゴミ袋に入れて捨てたのです。

母親が娘さんの生活に干渉するのをやめて自分の生活に集中したとき、その姿勢が娘さんによい影響を及ぼしたのです。

家族にとやかく言うのではなく、自分の生活をシンプルにすることを心がけましょう。まず、自分がお手本を示すことです。たいていの場合、そうすることによって、周囲の人にもよい影響を与えることができます。

生活の中で本当に大切なのは何か？

ほとんどの人は平均千個以上のモノを所有しています。しかし、一回にひとつのモノしか使うことができません。

私がそれに気づいたのは、ある日、ドライブに出かける準備をしていて、車内で音楽を聴くためにCDのコレクションから好きなものを選んでいたときです。当時、二百枚以上のCDを持っていて、それを積み上げた二つの山を見て違和感を覚えました。選択肢が多すぎて、自分がどの音楽を聴きたいのかよくわからなかったからです。私が目の当たりにしたのは、自分の衝動買いの結末でした。結局、全部で二十五枚のCDに絞りました。CDを保管する基準は、いつでも聴きたい音楽であるということです。

ガラクタ処分とは、欲しいモノや必要だと思うモノをすべて手に入れるのと正反対のことをすることです。それは、幸せになれると信じてモノを手に入れる不健全なプロセスに終止符を打つことです。

もう一度、断言します。いくらモノを手に入れても幸せになることはできません。あなたは反論するかもしれませんが、それは事実なのです。あなたの考え方は幻想、過去への執着、未来への不安、抑圧された欲求にもとづいています。

重要なのは、モノを次々と手に入れるのをやめて、すでにある所有物の価値を検証することです。所有物を見ながら、「これは生活の質を向上させてくれるか、捨てたほうがスッキリするか、どちらだろうか？」と自問しましょう。

とはいえ、何もない空っぽの部屋で暮らして幸せになるという意味ではありません。あくまでも、自分の生活の中で何が大切かを見極めるということです。

あなたにとって何が大切ですか？

他の人にとって大切かどうかは関係ありません。

あくまでも、自分にとって何が大切かを考えてください。

だから、私はお客さんに「あなたにとって、これは必要ですか？　そうでなければ捨てましょう」と呼びかけているのです。

いらないモノを捨てるプロセスに従えば、流れがとてもよくなります。変化に抵抗する

より適応するほうが精神的にも肉体的にも楽なのです。ほとんどの人はそれを理解していません。いつもスッキリして暮らすと大きな喜びを味わうことができるのです。

しかし残念なことに、私たち現代人は広告と洗脳を通じて「まだまだ足りない」と教え込まれています。もっと多くのモノが必要であり、それを手に入れることで喜びを増やすことができると信じ込まされているのです。

私はそれとは正反対の方向に進むことを提案しています。変化に抵抗するのではなく適応するほうが深い喜びと満足が得られるからです。

ガラクタを捨てれば、仕事もうまくいく

フリーライターの男性から「自宅マンションのガラクタ処分を手伝ってほしい」という依頼があったので訪問すると、あまりにも大量の紙が散乱しているので驚きました。床や家具の上に紙が山積みになっていて、まるでモダンアートの作品のようなのです。この無秩序な状態を目の当たりにして私の思考はたちまち混乱し、お客さんの心の中の状態を想像してしまいました。

案の定、お客さんは「この半年間、いいアイデアがまったく出ず、何も書くことができないので困っている」と言いました。創造性がなくなるのは、ガラクタに圧倒されている証拠です。私に頼めばなんとかしてくれると思ったのでしょう。

私はお客さんと相談してソファの片づけから始めました。ソファの上はダイレクトメール、レシート、ファストフードの包み紙、ピザの箱であふれ返っていましたが、一つひとつ捨てていくと、「いらないモノを捨てることがこんなに簡単なのか」とお客さんは驚いていました。ときには第三者の目で見たほうがよく見えるということです。

この文章を読んで、あなたも第三者の目を通じて、自分の生活に支障をきたしているのは何であるかが見えてきたのではないでしょうか。

ガラクタを捨ててソファの表面にまでたどり着いたとき、シートがくぼんでいることに気づきました。バネが壊れていたので、それを隠すために紙を積んできたのです。

私たちは話し合いの結果、ソファを捨てることに決定し、それを歩道に運び出しました。驚いたことに、後で誰かが持っていったようです。

次に、床の片づけに着手しました。ファストフードの包み紙と箱が散乱していましたが、お客さんはソファを捨てたことに自信を持ち、床に散乱しているガラクタを手際よく処分しました。

次の課題はデスクでした。ノートパソコンは開いた引き出しの上に載っかった状態で、その下に紙が溜まっていました。その横には古いファイリングキャビネットがあり、それがプリンターを支えていたのです。こんな危うい状態で作業をしているのですから、集中して書けるはずがありません。まるでゴミ箱の中で働いているようなもので、ガラクタのために創造性が麻痺していたのは明らかでした。

私はお客さんにこう助言しました。

「こんな状況では価値のあるものなんて創造することはできませんよ。ガラクタに囲まれていると、能力を存分に発揮しにくくなるのです。そろそろ、ガラクタをすべて処分してスッキリした気分で仕事に取り組んだほうがいいのではないでしょうか」

そして、適切なデスクを入手することを提案しました。

お客さんはそれに同意し、私と一緒に紙くずを捨てた後、事務用品店に行って三層構造のパソコンデスクを買い、マンションに戻って空きスペースでそれを組み立てました。

お客さんはたちまち変身を遂げました。まるで、ずっと着たきりだった汚い服を脱ぎ捨てて、新しい清潔な服を着た人のようです。自宅マンションはスッキリしました。

一週間後にお客さんに電話をして様子を聞くと、「何カ月も苦労していた企画を完成させることができた」と喜び、さらに、

「ひさしぶりにやる気が出てきた。斬新で創造的なアイデアがどんどんわいてくるのでワクワクしている」と言っていました。

捨てるポイント

★家の中でガラクタが堆積している場所を見つける。ガラクタはガラクタを引き寄せるので、ガラクタが少しでも存在すると、その近くにもっとたくさんのガラクタが潜んでいることがよくある。厳しい目で見てガラクタを捨てよう。

★五つのモノしか持つことができないと想像し、その他のモノはすべて捨てなければならないと考える。どれを保管するか？　そしてその理由は何か？

★保管している五つのモノのひとつを捨てれば、新しいモノを手に入れることができると想像する。何を捨てて、何を手に入れたいか？

自分にとってマイナスになる人もガラクタ

先のお客さんの例でわかるように、自宅と心の中に空きスペースをつくらなければ、いつまでも行き詰まった状態が続きます。そんなとき、もっと多くのモノを手に入れても解決策にはなりません。よい決定をして状況を打開するには、周囲の環境と心の中につねに空きスペースを準備しておく必要があるのです。

もう一人のお客さんの例を紹介しましょう。彼女は人生に行き詰まりを感じて焦っていました。そこで私に専門家としての意見を求めてきたのです。彼女は玄関先で私を出迎え、マンションの中に招き入れました。

中に入ると、壁が芸術作品であふれ返っていました。美術館のようでしたが、作品の数はその五倍くらいあります。どの作品も「見て、見て」と言わんばかりに私の注意を引きつけているようでした。

彼女は「夫がいつも外で働いているので、自分は作品をつくる時間がいっぱいある」と言いました。彼女の寂しそうな表情を見たとき、作品づくりに熱中して壁にそれを飾っているのは、無意識のうちに夫の注意を引きつけようとしているからだと直感しました。と同時に、どの作品も不機嫌な雰囲気を漂わせているので、夫に帰宅させたくないようにしているようにも感じました。

私は「どの作品も陰気なので夫婦関係に悪影響を及ぼしていますよ」と指摘しました。しかも、あまりにも多くの作品が飾ってあるので、夫を牽制しているかのようです。空間は作品と同じくらい重要ですから、モノがあふれ返っていると落ち着きません。

彼女は「夫の反対を無視して、もっと多くの作品を壁に飾りたい」と言うので、私は「ご主人とのコミュニケーションを求めているのなら、居住空間をスッキリさせる必要があります」と言いました。

彼女が悲しそうな表情をして、「夫とコミュニケーションをとろうとすると怒られる」と言ったとき、私は彼女が何かを隠していると直感しました。

次に、夫婦の寝室を見せてもらいました。キングサイズのベッドで、夫の仕事用の大きなデスクと隣り合わせになっています。これもまた、夫の意識が夫婦関係よりも仕事に向かっていることの証しです。

私は「寝室に置くのはベッドだけにしましょう」と言いました。寝室の中心は夫婦にあるべきだからです。彼女は賛成しましたが、「夫が賛成してくれるかどうかわからない」と言いました。

次に、バルコニーに行くと、枯れた植物がいっぱい置いてありました。枯れた植物はガラクタであり、彼女の精神状態の表れです。私はそのとき、枯れた植物を処分することが状況を打開するカギを握っていると感じました。

私は「今、あなたにできるのは、枯れた植物を処分して、生き生きとした植物と取り換えることです」と言いました。

さらに、好きな作品だけを選び、それ以外の作品を壁からはずすように助言しました。そうすれば、彼女は夫の注意を引きつけるよりも自分を大切にすることができるからです。また、そうすることによって、彼女のセルフイメージが高まることも期待しました。

一週間後、私は彼女に電話をし、どんな変化を起こしたかを尋ねたところ、アドバイスに従ったと言っていました。夫は空きスペースが増えたことに気づいたようですが、彼女はそれ以上のことを語りませんでした。

七カ月後、彼女から電話がありました。感情が高ぶって声が震えていました。夫と別れることにしたので、すぐにマンションから引っ越すのを手伝ってほしいというのです。

現場に到着すると、そこは混乱していました。彼女の衣類はすべてクロゼットと引き出しから取り出され、床に積み上がっていたのです。彼女ははっきりとした目的を持って引っ越しの準備をしました。

彼女は、夫が薬物とアルコールの依存症で、前夜に殴りかかってきたことを告白しました。以前は夫を変えることができると思っていたのですが、ガラクタを処分して明晰な思考を取り戻した結果、夫は今後も変わらないことに気づきました。そこで、夫という名のガラクタを処分して別れることにしたというのです。

その決意とともに、それまで内に秘められていた彼女の怒りが解き放たれました。身のまわりのガラクタがなくなったとたん、心の重荷が消えたのです。彼女は最後に会ったときとは打って変わり、活動的で勇敢な女性に変身していました。

私が荷造りを手伝いながら、「強さと自由に満ちた新しい人生を象徴するモノだけを詰めて、それ以外のモノは慈善団体に寄付しましょう」と言うと、彼女はそのアドバイスを喜んで聞き入れました。

夫を思い出させるモノを捨てて、自立を感じさせるモノだけを保管した結果、衣類と靴の約八割を捨てました。芸術作品は二つだけ残し、それ以外はすべて処分しました。もはや夫の承認を得る必要がないので、夫の注意をひくためにつくった芸術作品を保管しておく必要がなくなったのです。

二時間後、私たちはすべての荷物を私の車と彼女の車に載せて立ち去り、新しい安全な住処に所有物をすべて移動させました。二人で荷物を取り出すと、彼女は新しい人生に合わないモノをさらにたくさん捨てました。

それまで彼女は偽りの人生を送ってきたのですが、ガラクタを処分して自分本来の人生を歩むことになったのです。これは大きな勇気と決意が必要でした。彼女は自分にそんな強さがあるとは知りませんでしたが、自分がガラクタの中で暮らしてきたという単純明快な気づきからすべては始まったのです。

あなたも自分と正直に向き合い、同じような変化を起こしてください。

ガラクタはモノだけではありません。ときには人間もガラクタになります。あなたは今、うまくいかなくなった人間関係の悩みを抱えているかもしれません。かつて、その人はあなたの人生の中で重要な存在でしたが、それはもう過去のことです。罪悪感を抱く必要はありません。その人と縁を切ることによって、自分が自由になるだけでなく、相手も自由にすることができるのです。

捨てるポイント

★数枚の紙と数色のラインマーカーを用意し、現在の生活にかかわっている人たちの似顔絵を一枚の紙に一人ずつ描き、その下にその人の名前を書く。

★それぞれの紙を見ながら、その人たちが自分の生活によい影響を与えているか、不要な重荷になっているかを自問する。あなたは相手が自分にとって大切な人かどうかを識別する直感力を生まれつき持っているので、答えはすぐに出る。

★今後も付き合いたいと思う人には、その人の似顔絵とともに感謝の気持ちがこもったメッセージを送る。人々は自分の似顔絵を描いてもらうのが大好きだ。

★ガラクタと判断した人の似顔絵を捨てる。付き合いをやめることを本人に伝えるか、その付き合いを自然消滅させるといい。

部屋の乱れは心の乱れ

たいていの場合、あなたの居住空間は、あなたが管理している唯一の場所です。したがって、その場所の状態は、あなたの精神状態をありのままに映し出す鏡だといっても過言ではありません。

誰も見ていない場所で人々がどういう暮らしをしているかを見ると、たいへん驚かされることがよくあります。自宅で一人暮らしをしているとき、あなたは自分の居住空間についてルールを決めます。その場所が広いか狭いかは関係ありません。あなたは一国一城の主ですから王様か女王様のような存在で、すべてが思いのままです。

そこに私が片づけコンサルタントとして登場し、王国のあり方について質問をします。しかし、これは混乱を引き起こしますから、王様か女王様は王国を防衛するために兵隊を派遣します。兵隊は言い訳の達人で、ガラクタの正当性を主張します。兵隊は次々と言い訳をしますが、どれも根拠の乏しい議論です。私の質問攻めにあって、兵隊はあえなく降参します。こうして王国は崩壊し、自由が訪れ、アイデアと柔軟性がもたらされます。

以前、二十二年間にわたって、あるマンションの女王様だった人から、ガラクタ処分を手伝ってほしいという依頼を受けました。彼女は自宅について激しく文句を言いながらも、「でも引っ越すことができない」と言いました。脱出できない牢獄のように感じていたのでしょう。理由を尋ねると、さまざまな病気を抱えていることを指摘し、そのために二十年以上もしたいことができなかったと告白しました。つまり、彼女にとっては自分の身体そのものが小さな監獄だったのです。しかし、誰も彼女にずっとそこにいるように命令したわけではありません。

彼女の部屋は心の中の混乱状態を映し出していました。まるで箱の栽培をしているかのように、部屋のあちこちに箱が積み上がっていたのです。それ以外にも紙くずや本が堆積し、掃除機が五台もありました。

私はその様子を見たとき、これらのガラクタを処分して掃除機で床をきれいにすれば、彼女の心の中に巣くっているガラクタを解き放つことができると思いました。そこで彼女にこう言ったのです。

「ゴミが散乱している部屋の中で暮らしていると、安心感を得ることができません。こんなガラクタに囲まれて生きているから、ここに根が生えて動けなくなっているのです。ここから脱出したいのなら、ガラクタを処分しなければなりません」

しかし、彼女が「これは必要だ」と訴えるので、私は「どのお客さんも自分の生活に支障をきたしているガラクタについてそう言います」と指摘しました。さらに「箱の中身を最後に見たのはいつですか？」と尋ねると、彼女は「思い出せない」と答えました。私が「引っ越しのお手伝いをするには、役に立たなくなったモノを捨てなければなりません」と言うと、彼女は不安そうな表情をしていました。そこで私は「大丈夫です。まず、ここにある箱をすべて処分しましょう」と言いました。

私は部屋に散乱している箱をすべて整理整頓しました。箱の中身の大半は、二十年間に及ぶ病院の予約を記録した大量の書類でした。それには彼女の殴り書きがいっぱい記されていました。

「病院の予約が書かれた紙は捨てましょう」と言うと、彼女は「自分の病気の理由を知るために必要だから保管しておく」と反論しました。そこで私が「その紙を見れば健康になれるのですか？」と尋ねると、彼女は黙ってしまいました。

私はこう言いました。

「あなたが病気なのは、健康になりたくないからですよ。だから今の質問に答えられなかったのです。これらの紙は自分の体調が悪いことを思い起こさせるだけで、何の役にも立ちません。あなたは多額の医療費を払ってきたので、病院の予約を記した紙に自分の思いを書いて大切に保管しているのです。あなたは自分が哀れな病人だという暗示にかかっています。だから、健康を取り戻して幸せになろうとしないのです。その紙を捨てることは、あなたが求めている自由への第一歩ですよ」

彼女は反論しませんでした。おそらく、これほど単刀直入に言った人はそれまでいなかったのでしょう。当然、医者はこんなことを言いません。皮肉なことに、医者にとって彼女はお得意様だったのです。

彼女はこう言いました。

「私は病人なのよ。気分もすぐれないし、いつも体中が痛いの。だから、この紙はどうしても必要だわ。もうこんな作業なんてしたくない」

そこで私は「もし健康になることができるとすれば、どうすればいいと思いますか？」

と質問しました。

彼女はまたしても黙り込みました。私はこの対話を通じて、彼女の心の中にあるガラクタの壁を破壊しようとしたのです。

彼女はまた口を開きましたが、今度はそれほど激しい口調ではありませんでした。

「どうしていいかわからないわ。でも、私は病人だから、どうしようもないの」

私は言いました。

「医者がいなくなって、自分で身の処し方を決めなければならないとしたら、あなたはどうしますか？」

彼女は冷静になり、静かな口調で「健康になれるように心がけます」と言いました。

そこで、「それはすばらしい決断です。今の気分はどうですか？」と尋ねると、彼女はかすかな笑みを浮かべました。

私は「他人の意見に振り回されるのではなく、主体性を持って癒しと健康を追求しましょう」と提案し、一緒にガラクタ処分に取りかかりました。彼女の心の中の葛藤が収まり、嵐が過ぎ去って静けさを取り戻したように感じました。ガラクタをすべて処分するのに三日かかりましたが、その甲斐あって彼女の自宅マンションはとてもスッキリしました。

一ヵ月後、彼女に電話をすると、「体調が飛躍的によくなり、気分が明るくなった」と語ってくれました。私は彼女が自分の力で変化を起こして立ち直ったことを強調しました。これからもずっと彼女は自分の力で必要な変化を起こし続けると思います。

彼女によると、自宅のあったマンションの建物が売却されて分譲マンションになる予定なので、賃貸契約が終了するまでに立ち退くことに同意して所有者から一万ドルの謝礼を支払ってもらったそうです。彼女は期待に胸をふくらませながら新しい住処を探していました。

捨てるポイント

★自宅の中でガラクタが最も堆積している場所に行き、それにユニークな名前をつける。例「精神状態を映し出すゴミ山脈」「頭の中が混乱して堆積したガラクタ台地」

★次に、そこを案内するガイドの役を演じる。例「この数年間、不要なモノが溜まって、ガラクタの名所ができました。どうぞご自由に探索して、価値のある品物があるかどうか鑑定してください」

楽しみながら、このエクササイズをやってみてください。ユーモア精神を発揮して洞察を深め、不要なモノを捨てるきっかけにしましょう。

第 6 章

内面のガラクタが
外面のガラクタをつくり出す

過去のトラウマから
目をそらしていませんか?
それが身のまわりの
ガラクタとなって表れるのです。
ガラクタと向き合い、
トラウマを解き放ちましょう。

もうすでにおわかりだと思いますが、外面のガラクタは内面のガラクタによってつくり出されます。この現象を詳しく説明しましょう。

内面のガラクタは、あなたが抑圧して忘れている無意識の感情から成り立っています。ところが、何かを抑圧していると、それは次第に大きくなり、あなたの注意を引きつけようとします。それについて考えてはいけないと思えば思うほど、それについて考えてしまうのです。これはかなりの注意力とエネルギーを使います。

海面に浮かんでいる浮子（ブイ）を想像してください。それを水面下に沈めるためには上から力を加えて押さなければなりません。しかも、その状態を持続するために絶えず力を加えて押し続けなければなりません。

それと同様に、心の中で何かを抑圧しているなら、それを意識下に押しとどめなければなりません。それには絶えず注意をそらす必要があるので、一時的に注意をそらす効果のあるモノを手に入れます。そうやって、落ち着かない気持ちを紛らすわけです。一種のごまかしと言ってもいいでしょう。

このやり方の問題点は、せっかくモノを手に入れてもすぐに飽きて効果が長続きしないことです。そこでさらに別のモノを手に入れる必要が生じます。それは店で買ったモノや友人からもらったモノかもしれません。あるいは、なんらかの方法で注意をそらしてくれる人だったり、一時的な気晴らしになる活動だったりします。

つまり外面のガラクタとは、自分が抑圧している心の中の思い（内面のガラクタ）から注意をそらすモノのことなのです。何かを避けていると、それはますます大きくなります。しかし、すばらしいことに、その逆も真理です。心の中のわだかまりと正直に向き合えば、それは小さくなります。

心の中がガラクタでいっぱいになると、混乱が性格に表れます。強迫観念や優柔不断などです。

自宅や職場が混乱していると落ち着きません。やがて疲労に襲われるようになります。そんなときは外面のガラクタと向き合い、「これは生活に必要か？」と自問しましょう。そうすれば、抑圧していた感情が表に出てきます。何年も気づかなかったことを考えるようになるかもしれません。不要なモノを捨てれば、心が落ち着き、残りの所有物をスッキリした場所に置くことができます。

過去の恋人の思い出を捨てて新しい恋人を得た女性

あるお客さんは恋人との破綻した関係の後遺症に苦しんでいました。彼女の最大の願いはよいパートナーを見つけて家庭を築くことでしたが、どの相手とも破局してしまうのだそうです。そんなわけで、恐怖と疑念にさいなまれながら願望を語っていました。

自宅マンションのリビングルームを見ると、椅子の上に古い『ヴォーグ』誌が置いてあるのが気になりました。まるで老いたハゲワシが周囲を見張っているような雰囲気です。私は彼女がチャンスに恵まれるように願って、「よい家庭を築きたいなら、その雑誌を処分したほうがいいですよ」とアドバイスしました。

『ヴォーグ』誌にかぎらず、女性向けファッション雑誌の大半は、女性の価値を疑問視する傾向があるように見受けられます。ありえないほど痩せ細ったモデル（大多数の女性にとって、あのような体形になるのは実際問題として不可能です）にあこがれるあまり、多くの女性は摂食障害に陥り、満たされない思いを抱えています。そしてそれこそが、現代女性に共通する心の中のガラクタの原因になっているのです。

私は彼女の寝室を調べることにしました。寝室はその人の精神状態のバロメーターになるからです。ひざまずいてベッドの下をのぞき込み、何かが潜んでいないか確認したところ、くたびれた革のスーツケースが見つかったので、それを引っ張り出すと、彼女は不安そうな表情をしました。

スーツケースの中はたくさんの手芸品であふれていました。それについて尋ねると、彼女は「過去の恋人たちとの思い出の品」と答えたのです。その恋人たちとはいずれも残念な結末を迎え、もうどの人とも会っていないそうで、彼女の表情を見ると、とても悲しそうでした。

昔の恋人の一人が描いた絵画は、服で包んでありました。彼女は苦しげな表情をし、破綻した関係について詳しく話し始めました。彼女がそれをそこに置いたままにしているのは、いつか彼が死んだらその絵が高く売れるだろうと思っていたからです。それを聞いたとき、彼女が復讐心を抱いて彼の死を待ち望んでいるような印象を受けました。

そこで私はきっぱりこう言いました。

「こんなモノをいつまでもベッドの下に保管して人生を台無しにするつもりですか？　毎

晩、寝ながら何時間も過去の苦しみを再現して何の役に立つというのでしょう？　そんなモノにしがみついているから、こんな孤独で悲しい生活を送ることになるのですよ。もっと自分を大切にしてください」

彼女はそれでもその絵を手放そうとしないので、私はこう言いました。

「過去の恋人が描いた退屈な絵にしがみつくことか、愛情と活力をもたらしてくれる新しい恋人を迎え入れることか、どちらがあなたにとって価値がありますか？　恋愛はお金よりも価値があると私は思うのですが、あなたはどう思いますか？」

彼女はついにその絵を手放すことにしました。表情を見るとスッキリした様子でした。

次に私はスーツケースから壊れたパイプを取り出しました。薬物の過剰摂取で死んだ恋人からもらったそうです。彼女の目には涙があふれていて、まだ強い悲しみを感じている様子なので、私はこう言いました。

「気持ちはよくわかりますが、それでは毎晩のように悲しい思いをしながら床に就くことになりますよ。ずっとそんな思いをして生きていきたいですか？　あなたは有意義な人生を送るべきです。このパイプを保管したところで、彼が生き返るわけではありません。悲しみが何度もよみがえってくるだけです。もっと前向きになってください。そうでないと、新しい恋愛を楽しむことができなくなりますよ」

彼女は何も言いませんでしたが、パイプを握る手がゆるんだように感じました。

私はさらにこう言いました。

「壊れたパイプを持っていても、何の役にも立ちません。過去の遺物を早く捨てて、自分の未来を切り開いてください」

一週間後、彼女と話をしたところ、新しい恋人が現れたそうです。優しくて親切な男性で、ガラクタ処分の経験を話すと喜んでくれたらしく、私は彼女が本物の恋をするチャンスを手にしたと感じました。

このお客さんの経験を自分の身に照らし合わせて考えてください。

あなたは過去という名の墓場で暮らしていませんか？

それはあなたが望んでいることですか？

過去の思い出に囚われることは楽しいですか？

もしあなたがいつまでも過去に囚われているなら、あなたの大部分は死んでいることになります。

しかし、過去の遺物を処分すれば、生命力を全開にして光り輝くことができます。皮肉なことに、あなたは光り輝くためにモノにしがみついてきました。それを手放しましょう。そうすれば、たちまち気分がよくなるはずです。

読まない本を捨てて情熱を取り戻した人

次の話は、心の中のガラクタを調べることによって仕事と人生が大きく変わることの実例です。

彼女は出版業界で働いていて、自宅にはたくさんの本が積んであり、ガラクタの様相を呈していました。「本を溜め込んでいるけれど、とくに気にはならない」と言っていましたが、それは口先だけで、実際は本に囚われていたのです。しかし、それを認めると、仕事がうまくいっていないことを認めることになるように感じて、すべてがうまくいっているように取り繕っていました。

そこで私が「どの本が重要で、どの本が重要でないかを見極めるために一冊ずつ検証しましょう」と提案すると、彼女は「面倒だから嫌だ」とためらいました。心が変化に抵抗している証拠です。それはとても簡単で、人生を好転させる可能性があるにもかかわらず、彼女は心の中でひどい展開になると予想していたのです。

私が「すばらしいことが起こりそうですよ。ワクワクしますね。あなたはとても幸運な女性です」と言うと、彼女はぽかんと口を開けたままでした。私が冗談めかして言ったので、彼女はどう反応していいかわからなかったのです。私は彼女にワクワクする機会を与えました。こうやってお客さんの心を解きほぐすこと自体が、ガラクタ処分の始まりなのです。

彼女はおそらく子どものころにガラクタを溜め込む癖を身につけて、いまだにその癖にしがみついていたのです。変化は容易ではないから現状のままでいいという考え方に固執していたために、彼女の生活は情熱とは無縁でした。

私は本を一冊ずつ見せて、「もう読みましたか?」と尋ねました。もしすでに読んだなら、「もう一度読みますか?」と尋ね、もし読むつもりがないなら、本を手放すように言いました。そうしなければ、本の思い出を保存して過去に生きることになり、現在の生活を楽しむことができなくなるからです。

もし読んだことのない本が見つかったら、「これから読みたいですか？」と尋ねました。その結果、彼女は自分の所有している本の多くを読みたくないことに気づいて驚いていました。

彼女が「なぜこんな本を読みたいと思ったのか自分でもよくわからない」と言うので、私はこう言いました。

「あなたは多くの本を読む機会があるということにこだわっているのですよ。それは人生でもっと多くの機会を得たいという願望の表れです。そうでもしなければ生活が単調すぎるので、そういう願望を抱いて現実を逃避しているのです」

それを聞いて、彼女は動揺しました。

私はこう言いました。

「これはあなたにとってすばらしい機会ですよ。本当に気にかけているものが何なのかを発見することができます」

彼女は仕事に関する悩みを打ち明けました。具体的には、敵対的な上司が非現実的な要求をするので困っているというのです。しかし、上司に相談するのが怖いので現状のままにしてきました。彼女は「仕事でこんなことがしてみたい、あんなことがしてみたい」と言うので、私は「それはすばらしいアイデアですね」と言いました。彼女は自分のアイデアがばかげているために拒絶されると思い込んでいたので、私の感想に驚いていました。私が「これからどうしますか？」と尋ねると、彼女は「明日、上司と話をする」と断言しました。

私は彼女にこう言いました。

「あなたの人生にはこれからもっと多くの変化が起こりますよ。今日、あなたはガラクタ処分を通じて、自分にとって何が大切で、何が大切でないかを区別する訓練をしました。新しいスキルを身につけたのですから、それをぜひ仕事にも活用してください」

私たちはいらない本を地元の慈善団体に持っていき、彼女の自宅に戻って残りの本を分野別に本棚に整理しました。

空きスペースがたくさんできたので、それまで飾りたいと思っていたけれどもできなかった芸術作品を本棚に陳列しました。

部屋は一変して美しくなりました。一週間後に伺うと、上司に自分との人間関係を含めて仕事上の問題について直接話をしたと言っていました。すると上司は彼女の話に耳を傾けて意見を述べてくれたことに感謝し、さらに、「君は会社にとって重要な存在なので、気持ちよく仕事ができるように取り計らう」と言ってくれたそうです。

彼女は感動していました。心の中のガラクタによって引き起こされたダメージが、生活の中に適切な変化を起こすことによって、こんなにも速やかに修復できるとは驚くべきことです。

捨てるポイント

★自宅の中で気に入らないモノはないだろうか？ 値段が高かったかどうかは関係ない。それはガラクタだから、あなたの生活を混乱させている。

★それを家の外に出そう。もしそれがかなり大きいのなら、今すぐでなくてもかまわないが、できるだけ早く家の外に出すほうがいい。

こうすれば、あなたの生活は確実に変わります。とくに何かをしなくても満足感が得られることでしょう。モノにしがみつこうとする気持ちがなくなり、あなたは自由かつ快適に生きていくことができます。

第7章

自分や他人を罰するために、モノを溜め込むこともある

誰かを処罰するために
モノを溜め込んでいませんか?
そんなことをしたところで、
自分が苦しいだけです。
速やかに怒りを解いて
建設的な行動をとりましょう。

ガラクタに囲まれて暮らすことは、自分に苦痛を科す方法でもあります。おそらく、あなたは自分がなんらかの点で十分によくないという理由で自分を苦しめているのかもしれません。あるいは、もっとよくなるための発奮材料として、そうしているのかもしれません。つまり、苦しい思いをすれば自分が変わるきっかけになるという考え方です。

しかし、そんなことをしたところで、あなたは変わりません。感覚が麻痺して苦痛に慣れてしまうだけです。

モノを溜め込んで牢獄をつくり出す

一部の人は自分だけでなく周囲の人を罰するためにもガラクタを利用します。あるお客さんはキッチンをそういう目的で使っていました。調理台、引き出し、戸棚はガラクタでいっぱいで、冷蔵庫の中は古い食品と新しい食品であふれ返っていました。テーブルは汚れたままで、本や手紙、新聞、古い食べ物が溜まっています。シンクには汚いお皿がうず高く積まれていました。部屋にはいやなにおいがたちこめています。

私は彼女と一緒に一つひとつのモノを片づけようとしましたが、本人は上の空で、家族のことについてずっと愚痴をこぼしていました。家族が家事を手伝ってくれないので面倒を見るのがつくづく嫌になったと言うのです。そこで、キッチンをガラクタだらけにして家族を反省させればかまってもらえると思っていました。

これは彼女の無意識の行動です。このことはあなたにとっても示唆に富んでいます。なぜなら、**あなたの行動の多くは、なんらかのメッセージを周囲の人に伝えるための無意識の方法である可能性が高いからです。**しかし、ほとんどの人はそんなことに気づきませんから、あなたが伝えようとしているメッセージを受け取りません。結局、あなたは自分の気持ちをうまく伝えられないことに怒りや悲しみを感じることになります。

私は彼女の怒りを解き放つために、とくにガラクタが溜まっている引き出しをはずして床に置きました。彼女は唖然としていましたが、私はそんなことはかまわずに床に座って引き出しの中身を指さし、「さあ、二人で力を合わせて、このガラクタを処分しようじゃありませんか」と言いました。

彼女は笑いながら私と一緒に床の上に座りました。私はすぐに一つひとつのモノについて質問を開始しました。彼女は気持ちを落ち着けて、保管する価値のあるモノとそうでないモノを区別し、引き出しの中身の大半を捨てました。終わったとき、金属製の食器がわずかに残っただけです。

そこで別の重たい引き出しを取り出して床に置くと、彼女は再び笑っていました。今度は、私が質問をしなくても自発的に捨て始めました。今度も引き出しはほとんど空っぽになりました。彼女は、中身の大半は無価値なモノばかりであることを認めていました。

彼女はさらに次の引き出しを開けてガラクタを処分しました。吹っ切れた様子なので、私は「捨てるコツがわかったようですね。大切なのは何かというのがわかるのはすばらしいことです」と言いました。そしてさらにこう付け加えたのです。

「たとえ誰かが気づいてくれなくても、あなたは自分のしていることを誇りに思うべきです。周囲の人はあなたを無視しているのではありませんよ。自分の生活のことを考えるだけで精一杯なのです。興味深いことに、あなたが気分よく過ごしていると、周囲の人はあなたに気づいて敬意を払ってくれるものですよ」

一瞬、彼女は作業の手を止めて少し涙を流し、そして再びガラクタ処分に取りかかりました。

私たちは調理台の上のガラクタと戸棚の中の古い食べ物を捨て、さらに冷蔵庫をスッキリさせました。彼女は食べ物の大半が腐っていることに驚いていました。私たちはテーブルを掃除し、お皿を洗いました。彼女は作業を進めているうちに力がみなぎり、手の動きが速くなっていました。うっとうしいガラクタを処分しているうちにスッキリして行動がてきぱきしてきたのです。こうして彼女は残りの部分をすべてきれいに片づけました。

多くの人は自宅の中の膨大な量のガラクタを保管するために収納用品を買い求めます。しかし、それは小ぎれいなゴミ箱にすぎません。そんなものでごまかさないようにしてください。ガラクタに敬意を払う必要はありません。あなたは自分に敬意を払うべきです。

ガラクタを溜め込んで周囲の人を罰しようとするのは終わりにしましょう。そんなことをしても、周囲の人のネガティブな行動をやめさせることはできません。それどころか、ますますガラクタが溜まって不快な思いをするだけです。そんなことをして自分を罰するのではなく、自分を大切にしましょう。そうすれば、すばらしい変化が起こります。

捨てるポイント

★自宅の中を歩いてみて、ガラクタが溜まっている場所を探す。自分が苦痛を感じる場所はないだろうか？

★そこにじっと立って、周囲の人に自分の気持ちを理解してもらえないために怒りや悲しみを感じていないかどうか自問してみよう。

★そしてその答えを出す。自分をごまかすのではなく、自分に正直になって建設的な解決策を考え、それをもとに適切な変化を起こすことが重要だ。

第8章

心のガラクタを処分する

心の中にガラクタを
抱えて生きていませんか?
モノを手に入れても
気分のよさは長続きしません。
心のガラクタを捨てて
スッキリしましょう。

前章で検証したように、心のガラクタこそが家庭の中のすべてのガラクタの根源だったのです。心の中の混乱は身のまわりの環境の中でそれを再現します。あなたの家庭と人生は、心の中の状態をそっくりそのまま映し出しているのです。心の中が混沌としているなら、家の中も混沌として生活は乱れます。心の中が平和なら、家の中は暮らしていて喜びを感じるものになり、生活は快適になります。

この章の目的は、あなたの心のガラクタを直視するのをお手伝いすることです。心の働きを理解すれば、乱雑で正常に機能していない状態を修正することができます。その結果、ガラクタは消え去って秩序が戻ってきます。

ただやみくもにガラクタを処分しようとしても、乱雑な状態が悪化するだけです。それは混乱によって混乱を直そうとするようなものです。それに対し、自分の心の中を冷静に観察することは状況の改善につながります。さらに落ち込むどころか、自分を笑う余裕すら生まれてくるでしょう。

心のガラクタにはさまざまなタイプがあります。よくあるタイプを指摘しましょう。

心のガラクタ①　ネガティブな感情を抱くこと

私たちはネガティブな指令を出すことによって物事を修正するよう訓練されてきました。たとえば、落ち込んでいる人を慰めるために最もよく使われる方法は、「心配するな」と言うことです。問題は、潜在意識が否定語を聞き取れないことです。つまり、「～するな」の「な」の部分を聞き落としてしまうのです。

私が「ピンクのゾウについて考えるな」と言うと、あなたは真っ先にピンクのゾウについて考えるでしょう。同様に、「心配するな」という指令を聞くと、あなたは心配したままになるのです。

「それをするな」「これを忘れるな」「遅れるな」「事故に巻き込まれるな」という指令の「な」を削除すると、どうなるでしょうか。人生は困難と問題というガラクタだらけになります。

それに対しポジティブな指令を出せば、適切に効果を発揮します。「気をつけてくださ い」「覚えておいてください」「楽しんでください」「時間どおりに来てください」という指令はポジティブな作用を及ぼします。

したがって、私がここで「心のガラクタについて考えないでください」と提案したところで効果はありません。「心のガラクタを捨ててポジティブな人生を送ってください」と提案したほうが効果的ですし、あなたはやる気が出るはずです。

心のガラクタ② 愚痴を言うこと

愚痴を言うことは避けなければなりません。愚痴を言うと、心の中にガラクタを溜め込んでしまうからです。愚痴を言うことによって、その問題はウイルスのように増殖して心を侵します。それに意識を向ければ向けるほど、それは大きくなるのです。

愚痴を言う習慣は、解決策を見つけるうえで障害になります。最善の解決策は落ち着いた心から生まれるのです。心の中にガラクタが散乱している状態では、まともな解決策は思い浮かびません。その問題について何もできないなら、黙っていたほうがいいのです。

心のガラクタ③　批判すること

かつてバーテンダーをしていたとき、常連客の行動に一定のパターンがあることに気づきました。飲み物を注文した後、私の背後にある大きな鏡に映った自分の姿を批判的な目で見ていたのです。彼らは全身を見るのではなく、髪の毛やお腹、腕、お尻などの特定の部位を見て不満そうな顔をしていました。

つまり、あなたの心は細部を選んで、それを拡大し、問題としてとらえる傾向があるということです。そういう問題が蓄積すると心のガラクタになり、本当に重要なことから目をそらすことになります。

どんなことでも細かく分析すると、全体像が見えなくなって具合が悪く思えてくるものです。心は幻想を生み出し、あなたは苦しむことになります。

細かい部分にまで意識を向けて自分に対して批判的な目で見ていることに気づいたら、深呼吸をしてリラックスしましょう。そうすれば批判的な傾向は弱まります。この習慣を断ち切る最善の方法は、絶えず意識的にそのプロセスを中断することです。

心のガラクタ④　理想に執着すること

捨てるべきもうひとつの心のガラクタは、あなたが抱いている理想への執着です。理想とは、最もよく生きる方法について誰かから学んだものにほかなりません。それはほかの人の目標であり、多くの場合、達成することはできません。

私たちが信じていることの大半は、なんらかの形でほかの人から得たものです。権威のある人が正しそうなことを言うのを聞くと、不要なモノを店頭で買ってしまうのと同じようにそれを私たちは信じてしまいがちです。

しかし、私たちはそのような理想が自分に適しているかどうかを検証することはめったにありません。私たちが何かを欲しがるのは、あるがままの自分では不十分だと教え込まれてきたからです。ところが、その理由を自分に問いかけませんから、自分をよく見せてくれそうなモノを絶えず必要としてしまうのです。その結果、自分で意識すらしていない理想を実現するためにいつもあくせくし、理想を実現できないという理由で不満を感じるはめになります。

あなたに不満を抱かせる理想の正体を突き止めるために、次の文を完成させてください。

私は「　　　　　　　　」したときに初めて、成功したと感じることができる。
私は「　　　　　　　　」したときに初めて、自分の価値を認めることができる。
私は「　　　　　　　　」したときに初めて、幸せを感じることができる。
私は「　　　　　　　　」したときに初めて、充実感を得ることができる。

あなたの幸せと自信は、以上の理想を実現できるかどうかにかかっているのが現状です。ということは、その最終目標に到達するまでは幸せになれないということです。これこそ人生をつまらなくする心のガラクタにほかなりません。それは苦しみと悲しみの原因になるのです。

理想を追い求めるかぎり、あなたは未来に生きることになり、現在を楽しむことができません。それらの理想を意識することは、自分を受け入れるための第一歩です。そうすることで、自分の本質を変えようとするプレッシャーから解放されて安らぎを得ることができます。

人々のガラクタ処分のお手伝いをしながら生活について質問すると、どの人も不満を抱いていることを話します。ほとんどの人が特定の生き方をしようと躍起になっているのです。その理由を尋ねると、たいてい「わからない」という答えが返ってきます。つまり、彼らはそれが正しい生き方だと思い込んでいるのです。しかし、もし自分がしていることの理由がわからないなら、それについて冷静に考えてください。おそらく、それは心のガラクタに由来します。

心のガラクタ⑤　心配すること

多くの人と同様、あなたは絶えず心配しているかもしれません。うまくいかない可能性のあることに執着すれば、それが現実になったときにうまく対処できると考える癖がついているのです。これは絶えず物事を心配する習慣となって心身の疲労につながり、皮肉にも困難な状況に対処できなくなるのです。

「どうしよう？」「こうすべきか、ああすべきか？」「でも、こうなったらどうしよう」などと心配すると、疲れ果てて好結果にはつながりません。

しかし、もう大丈夫です。心配性は直すことができます。私は直しました。

心配しているときは気をつけてください。あなたが起こるかもしれないと心配していることはめったに起こりません。ということは、あなたの心配事は心のガラクタなのです。

心のガラクタ⑥　先延ばしにすること

先延ばしは心配に由来します。結果について心配すると、行動をとるのを避けようとするからです。

興味深いことに、先延ばしをするとネガティブな結果につながりやすいのです。諸悪の根源は、あれやこれやと思い悩んで行動を起こそうとしないことです。

心のガラクタ⑦　未来に対して不安を抱くこと

あなたの心は未来に対する不安でガラクタだらけになっています。ときにはまるで現在のことが未来に起こりうることに比べて取るに足らないかのようにすらなっています。

未来を保証することはできませんから、どんなことでも起こりえます。しかし、あなたの心の中は嫌なことが起こるのではないかという不安でいっぱいです。そのような不安は心のガラクタですから、あなたの人生を向上させてくれません。

心の中で予想していた未来と実際に起こっていることを比較すれば、予想がたいてい間違っていたことがわかるはずです。だから、未来に対する不安に取りつかれることは、間違った予想ばかりするファイナンシャルアドバイザーを雇い、その人のアドバイスを聞き入れて代償を払うようなものです。

未来に対して不安を抱くと、現在のすばらしさを実感することができなくなります。それは、あなたの考えが及ばない無数の可能性を含んでいるのです。

未来に対して不安を抱いて心を乱す必要があるでしょうか。いいえ、そんな必要はどこにもありません。現在に意識を集中するほうが自分のためです。

心のガラクタ⑧　他人の生活に干渉すること

私たちは他人の生活に干渉しがちです。とくに他人が抱えている問題について関心を寄せる傾向があります。これは自分の生活に責任を持つことから目をそらすためです。しかし、他人の生活に干渉すると心の中にガラクタが溜まり、自分の生活を楽しむことができなくなります。

多くのお客さんは自分のガラクタ処分をしているときに、他人の生活を話題にすることがよくあります。とりとめもなく話をしているうちに完全に脱線してしまったりします。そしてそれこそが、ガラクタを溜め込んでいる一因になっているのです。

あるお客さんはガラクタを捨てている最中に、よその夫婦が子育てをないがしろにしていることに文句を言い出しました。彼女の声がますます大きくなる一方なので、「なぜそれはあなたにとってそんなに重大なのですか？」と尋ねたところ、彼女は自分の内面を探って静かな声で「私も子どもが欲しいのです」と言いました。

彼女はスッキリした様子で、自分の言ったことに驚いていました。彼女はもうその夫婦のことを口にしなくなり、張り切ってガラクタ処分を再開しました。

自分と直接関係のない他人のことに意識を向けると、あなたは自分の生活を大切にして楽しい時間を過ごすことができなくなります。当然、前進を続けるうえで障害になります。

心は繊細な道具です。他人のことに干渉せず、自分のことに意識を向けましょう。

捨てるポイント

★自分の心の中を調べてみる。あなたは何の役にも立たない心のガラクタを抱えていないか?

★それはなんらかの要因で溜め込んだ心のガラクタだ。その要因を知れば排除することができる。

おわりに

いよいよ新しい人生の門出です。これから自分を大切にする生活が始まります。あなたは日々の暮らしを大いに楽しむべきです。それ以外にどんな生き方があるというのでしょう？

毎朝うんざりして目を覚ますだけの価値がない生活ですか？
毎晩うっとうしくて帰る気にならない自宅での生活ですか？

事実を指摘しましょう。幸せを感じるために、モノはそんなに必要ありません。あなたはこれまで間違ったことを教えられてきたのです。

しかし今、この本を読んで、本当に大切なのは何かということに気づきました。

幸せで快適な生活を送るためには、所有物を見ながら「これは本当に大切か？」と自分に問いかける必要があります。そして、大切なモノだけを保管し、そうでないモノは捨てるべきです。いったん始めれば、簡単にできます。

私のような無精者にできたのですから、あなたにもできます。かつて私の生活はガラクタだらけでしたが、それを処分した結果、シンプルライフの喜びを発見しました。今では、不要なモノを溜め込んで不安と不満を抱えていたころより楽しみが増えています。

変化を恐れずに、思い切って身のまわりのガラクタを処分してください。今までこんなモノにしがみついていたのかと感慨にふけることでしょう。

不要になったモノを捨てることは、やってみるとたいへん楽しい作業です。気分がスッキリして心地よい解放感に浸り、生きている喜びを実感することができます。

読者の皆さんがガラクタを処分して幸せを手に入れるうえで、この本が参考になることを願っています。

ブルックス・パーマー

巻 末 付 録

ガラクタ処分の基本方針

宣言

大切なのはモノではなく自分です。

ガラクタの判断基準

●一年間まったく使っていないならガラクタです。
●堆積しているならガラクタです。
●価値があるかどうか決めかねているならガラクタです。
●第一印象で価値がないと直感したらガラクタです。
●所有していて気分が悪くなるならガラクタです。
●値段が高かったという理由だけで保管しているならガラクタです。
●本来の役割を果たしていないならガラクタです。

いらないモノを捨てる方法

●壊れて修理できないモノや修理に出すつもりのないモノは捨てましょう。
●自分のライフスタイルに合わなくなったら、さっさと捨てましょう。

●もらった贈り物が好きになれないなら、捨てるか誰かにあげましょう。

●第一印象はつねに正しいといっても過言ではありません。ガラクタだと直感したら、思い切って捨てましょう。

●ガラクタと表示されているモノはありません。一つひとつのモノの価値を冷静に検証しましょう。

家の中をスッキリさせる方法

●家の中を歩いてみましょう。特定の場所で不快な気分になるなら、そこで立ち止まって調べてください。あなたのセンサーはガラクタを感知しています。

●他人に見せつけるためだけに所有しているモノは捨てましょう。賞状やトロフィーを見せびらかしても、相手にとってはどうでもいいことです。

●物置にはあまりモノを置かないようにしましょう。物置の中はガラクタだらけです。

●ベッドの下にモノを保管してはいけません。そこはガラクタが堆積しやすい場所ですから、いつもスッキリさせておくことが重要です。

●寝室を平和で神聖な場所にしましょう。不快に感じるモノはすべて排除すべきです。

人間関係を整理する方法

●モノだけでなく人間もガラクタになります。付き合っていると自分の価値が下がるように感じるなら、その人はあなたにとってガラクタです。相手が変わる気があるかどうかを見極め、その気がなさそうなら縁を切りましょう。

●よい人間関係を築きたいなら、破綻した過去の人間関係を思い起こさせるようなモノはすべて捨てましょう。たとえば、昔の恋人からのラブレターやメール、贈り物がそうです。それらはあなたを思い出の中に閉じ込めますから、心機一転して再出発をすることが困難になります。

過去を整理する方法

●過去のほうが現在よりも価値があると感じさせるモノは捨てましょう。過去にしがみついて、「あのすばらしい日はもう二度と来ない」という気持ちにさせるモノがそうです。年齢に関係なく、あなたはこれから光り輝く可能性を持っています。過去は過去のこととし、今の自分にとって重要なモノだけを保管しましょう。

●思い出をモノによって維持しようとするのは、亡霊を箱の中に閉じ込めておくようなものです。それは永遠に亡霊のままですから現実になることはありません。

●写真の大半はガラクタです。素敵な思い出を写真という形で保存しても、それはもう過ぎ去ったことです。過去の亡霊に囲まれて暮らすか現実の世界で暮らすか、どちらを望みますか？　本当に大切な写真だけを保存し、それ以外の写真は捨てましょう。

捨てづらいときの対処法

●ガラクタだとわかっていても、捨てづらいモノがあるかもしれません。しかし、思い切って捨ててしまえば、時間がたつと忘れるものです。たとえ思い出しても、そんなモノにしがみついていたことがばからしくなります。

●愛着があってもガラクタである場合があります。勇気を出して捨てましょう。

●ガラクタは慈善団体に寄付するか、インターネットに掲載して必要としている人にゆずるか、玄関前に置いて通りがかりの人に持ち帰ってもらいましょう。潔く手放すことが重要です。フリーマーケットなどで売ろうとすると、ほとんどの人はその機会を先延ばしにし、たとえ出品しても売れなければ家の中に舞い戻ることになります。

捨てるときの心得

●ガラクタ処分は辛抱強く取り組みましょう。一回ですべてのガラクタを処分しようとする必要はありません。一回にひとつの場所の片づけに取り組めば十分です。

●ガラクタ処分はマイペースで行いましょう。疲れたら休憩をとることが大切です。外を散歩して気分転換を図るのも一案です。

●ガラクタ処分を楽しみましょう。

心の中がグチャグチャで捨てられないあなたへ　[改装版]

発行日　2020年1月25日　第2刷
　　　　2020年6月27日　第4刷

Author　ブルックス・パーマー
Translator　弓場 隆
Book Designer　本文　石間 淳
カバー・帯／表紙／本扉・章扉　山之口正和（OKIKATA）
Illustrator　山中玲奈

Publication　株式会社ディスカヴァー・トゥエンティワン
〒102-0093　東京都千代田区平河町2-16-1　平河町森タワー11F
TEL　03-3237-8321（代表）　03-3237-8345（営業）
FAX　03-3237-8323
http://www.d21.co.jp

Publisher　谷口奈緒美
Editor　藤田浩芳　大山聡子　谷中卓

Publishing Company
蛯原昇　梅本翔太　千葉正幸　古矢薫　青木翔平　大竹朝子　小木曽礼丈
小田孝文　小山怜那　川島理　川本寛子　越野志絵良　佐竹祐哉　佐藤淳基
佐藤昌幸　志摩麻衣　竹内大貴　滝口景太郎　直林実咲　野村美空
橋本莉奈　原典宏　廣内悠理　三角真穂　宮田有利子　渡辺基志　井澤徳子
藤井かおり　藤井多穂子　町田加奈子

Digital Commerce Company
谷口奈緒美　飯田智樹　安永智洋　岡本典子　早水真吾　三輪真也　磯部隆
伊東佑真　王廳　倉田華　小石亜季　榊原僚　佐々木玲奈　佐藤サラ圭
庄司知世　杉田彰子　高橋雛乃　辰巳佳衣　中島俊平　西川なつか
野﨑竜海　野中保奈美　林拓馬　林秀樹　牧野類　三谷祐一　元木優子
安永姫菜　中澤泰宏

Business Solution Company
蛯原昇　志摩晃司　野村美紀　南健一

Business Platform Group
大星多聞　小関勝則　堀部直人　小田木もも　斎藤悠人　山中麻吏
福田章平　伊藤香　葛目美枝子　鈴木洋子

Company Design Group
松原史与志　井筒浩　井上竜之介　岡村浩明　奥田千晶　田中亜紀
福永友紀　山田諭志　池田望　石光まゆ子　石橋佐知子　齋藤朋子
俵敬子　丸山香織　宮崎陽子

Proofreader　工藤美千代
Printing　中央精版印刷株式会社

ISBN978-4-7993-1003-8